TRANSAKTIONSANALYSE KOMPAKT ERKLÄRT

Steffen Raebricht

★ ★ ★ ★ ★

Dir gefällt das Buch?
Dann sag's doch weiter auf Amazon.de.
Damit hilfst du unabhängigen Autoren
wie mir (Steffen), weiterhin eine gute
Arbeit zu machen. Denn **Bewertungen
sind wichtig!**

Einfach den **QR-Code scannen**
und Karma verbessern. :)

3. Auflage
Copyright © 2023 Steffen Raebricht.
Alle Rechte vorbehalten.

Herausgeber: Lifelong Investment GmbH
Zwischen den Linden 8, 39171 Sülzetal
support@taplus.de

Autor: Steffen Raebricht

Cover & Illustration: Niklas Gemkow, Anne Hennig, Steffen Raebricht

Korrektorat: Britta Sösemann

weitere Mitwirkende: Bernd Taglieber

Herstellung und Verlag:
BoD – Books on Demand, Norderstedt

ISBN-13: 978-3-75573-136-8

MEHR SEHEN OHNE BRILLE (PROLOG)

Kennst du diese Filterbrillen? Wenn du sie aufsetzt, ist die Welt nur noch gelb, blau oder rot. Die Brillen filtern den größten Teil des Lichtspektrums und lassen nur noch einen Farbanteil durch.

Ganz ähnlich arbeitet unsere Psyche.

In Situationen, in denen wir „nicht anders können", die wir als „problematisch" einstufen, die „alternativlos" erscheinen oder in denen uns andere „ärgerlich machen", haben wir solche psychologischen Filterbrillen auf.

Unsere Handlungsmöglichkeiten sind in solchen Augenblicken eingeschränkt.

Es gibt jedoch Methoden, die dir dabei helfen können, deine Filterbrille abzusetzen und das erweiterte Spektrum an Möglichkeiten ins Auge zu fassen.

Die Welt wird plötzlich bunt.

Genau dabei hilft dir die Transaktionsanalyse (TA). Bist du bereit?

INHALT

---

1. KAPITEL: WOZU TRANSAKTIONSANALYSE? 6

Wir beginnen unsere Reise durch die TA mit einem Mini-Selbsttest und schaffen erste Grundlagen.

2. KAPITEL: ZIEL DER TA 16

TA verfolgt ein Entwicklungsziel für Menschen. Was das für ein Ziel ist und wie du dich ihm nähern kannst, erfährst du hier.

3. KAPITEL: TA-KONZEPTE 24

Konzepte sind das Herzstück der TA. Drei davon stelle ich dir genauer vor. Für weitere erhältst du Steckbriefe.

Anmerkungen zum Buch:

Aus Gründen der Lesbarkeit weiche ich von einer wissenschaftlichen Zitierweise ab. Zitierte Bereiche sind kursiv gekennzeichnet. Das Literaturverzeichnis befindet sich am Ende des Buches, aufgeteilt in Buch allgemein und Steckbriefe.

Viele der Inhalte findest du auch auf meiner Webseite: www.TAplus.de.

In diesem Buch habe ich die Inhalte gründlich überarbeitet und neu strukturiert.

KAPITEL

Wozu Transaktions-analyse (TA)?

Wir starten unseren kompakten Überblick mit einem Mini-Selbsttest, um herauszufinden, wie TA dir in deinem beruflichen und privaten Alltag helfen kann.

Bei der Arbeit ist Sophie immer diejenige, die den Karren aus dem Dreck ziehen muss. Sie macht die Arbeit von anderen, damit Termine eingehalten werden können. Das kostet sie Kraft, Nerven und Überstunden. Zusätzlich enttäuschend: ihre Vorgesetzte bemerkt ihr Engagement nicht einmal. Sophie ist frustriert.

Als sie sich bei ihrem besten Freund André über diese Nichtbeachtung beklagt, empfiehlt er ihr, sich einmal mit Transaktionsanalyse (TA) zu beschäftigen.

Sophie fragt sich: „Wozu soll ich mich denn mit Banktransaktionen beschäftigen?" André erklärt ihr daraufhin, dass TA eine psychologische Herangehensweise ist.

Abends auf der Couch googelt sie den Begriff auf ihrem Smartphone. Was da steht, klingt interessant.

Im Folgenden biete ich dir einen Mini-Selbsttest an. Dieser spricht verschiedene Lebenssituationen an und dauert nur zwei Minuten:

TA MINI-SELBSTTEST

Kreuze bei den folgenden Aussagen an, wie sehr diese auf dich zutreffen. Antworte spontan und aus dem Bauch heraus:

1. *In bestimmten Situationen hast du ein ungutes Gefühl, dir fehlen jedoch die passenden Worte um zu beschreiben, was du wahrnimmst.*

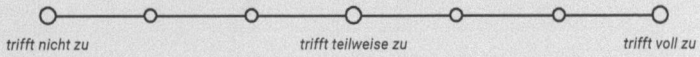

trifft nicht zu   trifft teilweise zu   trifft voll zu

2. Du stellst dich manchmal in Frage und bist dir nicht
    sicher, ob du dir vertrauen kannst.

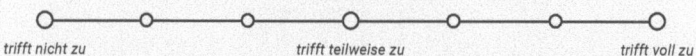

trifft nicht zu   trifft teilweise zu   trifft voll zu

3. Du verhedderst dich manchmal in zwischenmensch-
    lichen Fangnetzen.

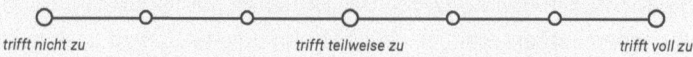

trifft nicht zu   trifft teilweise zu   trifft voll zu

4. Du fühlst dich ab und zu als Spielball deiner Umwelt.

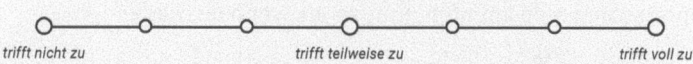

trifft nicht zu   trifft teilweise zu   trifft voll zu

5. In Bezug auf deine eigene Entwicklung fühlst du dich
    mitunter orientierungslos.

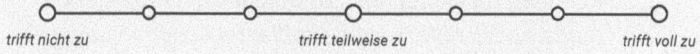

trifft nicht zu   trifft teilweise zu   trifft voll zu

6. Du zweifelst manchmal an deinen Gefühlen und ver-
    stehst sie nicht so richtig.

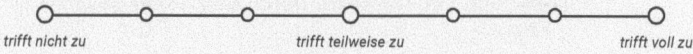

trifft nicht zu   trifft teilweise zu   trifft voll zu

7. Du siehst dich ab und zu einem Drama mit Kollegen
    oder in privaten Beziehungen ausgesetzt.

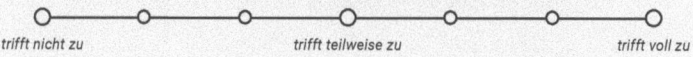

trifft nicht zu   trifft teilweise zu   trifft voll zu

Schau dir deine Ergebnisse an. Je öfter du dein Kreuz rechts auf der
Skala gesetzt hast, desto mehr kann dir Transaktionsanalyse bieten.

SIEBEN NUTZEN
DER TA

Die Methoden und Konzepte der TA helfen mir (Steffen) bereits seit über zehn Jahren, mein berufliches und privates Leben zu entwickeln und zu gestalten.

Schaue doch einmal, welche der folgenden sieben Nutzen für dich interessant sein könnten. Kreuze an, wenn du magst.

TA kann dir helfen ...

1. ... Zwischenmenschliches mit Hilfe von bildlichen Konzepten besprechbar zu machen. *(Welches Erklärungsmodell hilft in einer problematischen Situation?)*

2. ... dich selbst und andere besser zu verstehen. *(Warum bist du so, wie du bist? Warum passieren dir gewisse Dinge immer wieder? Wie kannst du gelassener und konstruktiver durch den Alltag gehen?)*

3. ... Manipulationsversuche – deine eigenen und die von anderen – zu erkennen und angemessen auf sie zu reagieren. *(Woran erkennst du Manipulationsversuche? An welchen Punkten bist du manipulierbar? Wie kannst du das vermeiden?)*

4. ... klare Entscheidungen zu treffen und Situationen aktiv zu gestalten. *(Wie kannst du in problematischen Situationen in deiner Kraft bleiben? Welche Handlungsoptionen stehen zur Verfügung?)*

5. ... Unbewusstes zu erschließen und Perspektiven aufzeigen, wie du dich weiterentwickeln kannst. *(Was ist für dich im Leben wirklich wichtig? Wie kannst du dich verwirklichen, ohne egoistisch zu sein?)* ◯

6. ... deine Gefühle und Gewohnheiten besser zu verstehen und gegebenenfalls zu verändern. *(Wie kannst du aufkommende Gefühle hilfreich zuordnen und verändern? Wie kannst du nicht förderliche Gewohnheiten bewusst werden lassen?)* ◯

7. ... deine kollegialen und persönlichen Beziehungen bewusst zu gestalten, sodass sie dich mehr erfüllen. *(Was stärkt Beziehungen und was nicht? Wann werden Konflikte notwendig? Wie können diese konstruktiv ausgetragen werden?)* ◯

Diese Liste ist keinesfalls vollständig. Als nächstes zeige ich dir, was du von diesem Buch erwarten kannst.

DIE ZENTRALE IDEE DES BUCHS

Es ist mir ein Anliegen, die Konzepte und Ideen der Transaktionsanalyse **zeitgemäß und anschaulich** zur Verfügung zu stellen. Beim Schreiben dieses Buches habe ich mich von dieser Frage leiten lassen:

Wie kann eine an TA interessierte Person **an einem Nachmittag** einen **pragmatischen Zugang** zur Konzeptwelt der **Transaktionsanalyse** erhalten?

Mein Ziel ist es, die komplexen Zusammenhänge der TA auf ein gut aufnehmbares Einstiegslevel herunterzubrechen, ohne sie zu sehr zu simplifizieren. Ich vermittle dir **solide theoretische Grundlagen,** die durch **praxisnahe Beispiele aus der Berufswelt** und **kleine Übungsangebote** anschaulich und erfahrbar gemacht werden.

So erhältst du eine **erste allgemeine Erklärung** der transaktionsanalytischen Konzeptwelt sowie ihrer **Möglichkeiten** für dich.

Außerdem erfährst du, wie du dich **weiterführend** mit der TA beschäftigen kannst.

Für Themen, deren Reflektion den Rahmen dieses Buchs überschreiten würden, haben mein Team und ich zusätzlich einen kostenfreien **Fragen/Antworten-Bereich** auf unserer Webseite für dich eingerichtet: TAplus.de/ta-buch

Alle Bilder und Übersichten dieses Buchs kannst du kostenlos herunterladen und unter Nennung der Quelle (TAplus.de) **frei verwenden,** auch für Vorträge und Weiterbildungsseminare.

Als nächstes definieren wir die Transaktionsanalyse.

WAS IST EIGENTLICH TA?

Transaktionsanalyse wurde in den 1950er und 1960er Jahren in Kalifornien entwickelt. Eric Berne (1910-1970) gab ihr ihren Namen, aber auch viele andere Frauen und Männer wie Fanita English, Mary Goulding, David Kupfer, Claude Steiner und Bob Goulding trugen von Beginn an zur Entwicklung von TA-Konzepten bei. Berne antwortete in einem Interview auf die Frage, was Transaktionsanalyse sei:

> Transaktionsanalyse ist *„ein System,* um das **Verhalten von Menschen** zu **verstehen,** zu **verändern** und **vorherzusagen."**[1]

Du möchtest es etwas akademischer?

> *„Bei der Transaktionsanalyse handelt es sich um eine **Theorie der Persönlichkeit und der Sozialaktion** und außerdem um eine klinische Methode der Psychotherapie, die auf der Analyse von allen nur denkbaren Transaktionen zwischen zwei oder mehr Menschen auf der Grundlage ganz spezifischer und genau definierter Ich-Zustände beruht."*[2]

Keine Sorge, es bleibt nicht so hochgestochen. Denn tatsächlich wird es mit der TA möglich, recht **schwierige Zusammenhänge** zwischen Menschen **in einfacher Sprache**[3] auszudrücken.

Das macht die TA praxistauglich für diese vier Felder, in denen sie hauptsächlich angewendet wird:

1. Pädagogik/Erwachsenenbildung,
2. im Bereich Psychotherapie,
3. in der persönlichen/beruflichen Beratung/Coaching
4. und in der Organisationsentwicklung (Führungs-
   themen und Teamentwicklung).

Neuerdings sind auch Abschlüsse in den Anwendungsbereichen Mediation und Coaching möglich.

Im privaten Bereich wird sie zur Gestaltung von Partnerschaften und familiären Beziehungen eingesetzt. TA ist überall dort besonders nützlich, wo kommuniziert wird und Menschen miteinander zu tun haben.

Als nächstes schauen wir, welches Ziel sie verfolgt.

KAPITEL

2

Ziel der TA

TA verfolgt ein klares Ziel für deine
Entwicklung. Erfahre, welches das ist und
wie du es ganz konkret umsetzen kannst.

AUTONOMIE

TA bietet dir einen roten Faden für deine Entwicklung, der mit dem Begriff **Autonomie**[4] beschrieben wird.

Autonomie bedeutet, dass du **selbstbestimmter, also freier von bisherigen Prägungen,** auf deine Umwelt reagieren kannst. Dass du besser entscheiden kannst, an wen oder was du dich bindest oder wen oder was du loslassen möchtest. Es bedeutet, eine **Wahl treffen zu können.**

Dahinter steckt die Idee, dass jeder Mensch über **unterschiedliche Spannweiten** von Denk- und Fühlfähigkeiten verfügt und dass diese **erweiterbar** sind. Je größer die Spannweiten, desto mehr Gestaltungsspielräume stehen dir zur Verfügung.

Autonomie setzt sich aus **drei Qualitäten** zusammen: **Spontaneität, Bewusstheit und Intimität**[5].

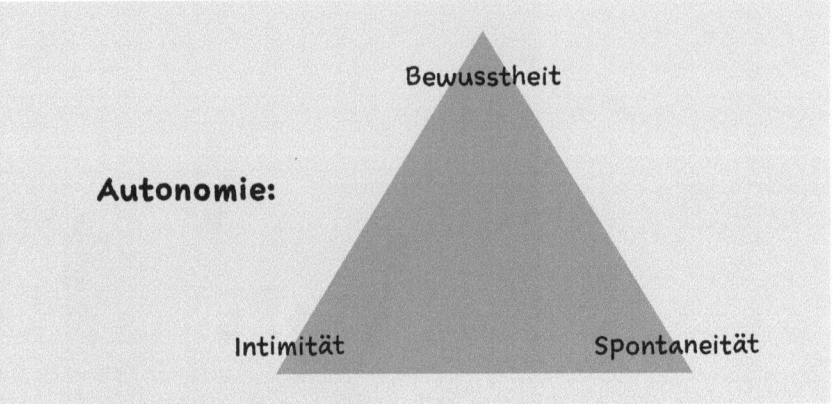

Diese drei Qualitäten stelle ich dir im Folgenden vor:

1. SPONTANEITÄT

Stelle dir die folgende Situation vor: Eine Vorgesetzte äußert Kritik, auf die du nicht vorbereitet bist. Wie reagierst du?

Die Bandbreite der Reaktionsmöglichkeiten ist groß. Von Gegenkritik, Abstreiten, Rechtfertigen, Gegendarstellung, Abwarten, Hintergründe erfragen, einen Witz dazu machen bis Stillschweigen ist alles möglich.

Welche dieser Möglichkeiten könntest du in dieser Situation **bewusst heranziehen?** Oder anders gefragt: Wie groß ist deine Spannweite?

Die meisten Menschen reagieren **reflexartig mit nur einem erlernten Muster.** Sie haben scheinbar keine Wahl. Menschen, die glauben, nur eine Option zu haben, fühlen sich beengt und als Spielball ihrer Umwelt.

Dich in Richtung Spontaneität zu entwickeln bedeutet, dass du in immer mehr Situationen zwischen verschiedenen Handlungsmöglichkeiten **entscheiden** kannst. Eine Triggersituation taucht auf und du spürst sofort einen Handlungsimpuls. Du kannst jedoch innehalten. Dein Bewusstsein übernimmt die Kontrolle. Du fragst dich: „Mmh, welche Möglichkeiten habe ich nun?" Dieses Innehalten bedeutet, dass du dich eben nicht zu einer automatischen und gewohnheitsmäßigen Reaktion hinreißen lässt.

Damit fühlst du dich selbstwirksamer, denn du entscheidest selbst. Alternativlosigkeit adé. Lediglich der scheinbare Mangel an Möglichkeiten verdammt dich zu einer beschränkten Zahl an Handlungsoptionen.

2. BEWUSSTHEIT

Stell dir vor, du könntest jeden Menschen unvoreingenommen mit seiner **einzigartigen Persönlichkeit wahrnehmen,** ganz ohne ihn zu kategorisieren bzw. auf Geschlecht oder Persönlichkeitstyp zu reduzieren. Oder auf: „Kennste einen, kennste alle."

Bewusstheit besteht einerseits aus der Fähigkeit, immer weiter zu differenzieren und immer feiner wahrzunehmen. Andererseits aus der Erkenntnis, dass wir selbst es sind, die unsere Urteile und Vorurteile konstruieren.

Das Gegenteil von Bewusstheit ist, unbewusst alles und jeden über einen Kamm zu scheren und **unreflektiert zu beurteilen.**

Bewusstheit ist die Fähigkeit, die **Einzigartigkeit des Augenblicks** und der Dinge wahrzunehmen. Frei von bisherigen Wertvorstellungen und Erwartungshaltungen. Es gibt keine zwei identischen Grashalme, Situationen oder Menschen.

Das Ziel ist es, immer öfter in einen Zustand zu gelangen oder zu bleiben, in dem du die **Einmaligkeit der Welt wahrnehmen** kannst. Es ist ein Zustand, der es dir ermöglicht, dich wieder über alles, was dir begegnet, zu wundern und demütig zu werden. Diese Haltung wird oft begleitet von einem Gefühl der Verbundenheit und Dankbarkeit. Dies kann gelingen, wenn du dich mit den unreflektierten Inhalten aus deiner Vergangenheit beschäftigt und dadurch eine gewisse Freiheit von ihnen erlangt hast.

3. INTIMITÄT

Mit Intimität ist hier **nicht nur der romantische Teil** von Beziehung gemeint.

Du kannst dir die Fähigkeit zur Intimität auch als **freien und „offenherzigen"**[6] **Ausdruck deiner Gefühle in Gegenwart anderer vorstellen,** verbunden mit der Sicherheit, akzeptiert zu werden. Ein tiefes Sich-Einlassen ohne Scham. Als Mann Gefühle zu zeigen, ohne Gefahr zu laufen, in deiner Männlichkeit abgewertet zu werden. Als Frau Sympathie zeigen zu können, ohne Angst zu haben, dass du missverstanden wirst.

Andere Begriffe für Intimität könnten auch **Vertrautheit** oder **Beziehungsfähigkeit** sein. Schon ein Austausch von „Blicken des wortlosen Verstehens" ist eine Form von Intimität.

Wenn du Intimität lebst, fühlst du dich am richtigen Fleck und in guter **Verbindung** mit deinen Mitmenschen. Du musst das nicht mit allen Menschen erreichen. Doch je mehr es in deinem Umfeld sind, desto besser für dich.

Das Gegenteil von Intimität sind Beziehungen, in denen du meistens **nicht du selbst** bist. Statt offen die Bereitschaft für Echtheit zu signalisieren, lebst du eher eine Maske von dir.

AUTONOMIE ANSTREBEN

Spontaneität, Bewusstheit und Intimität: Diese drei Qualitäten sind als Ideale formuliert. Es geht nicht darum, sie zu einhundert Prozent zu erreichen, sondern sie immer mehr zu integrieren.

Das soll vor allem erreicht werden durch:

- **Verstehen** von bisher unbefriedigenden Situationen (Wie kommt es zu einer unbefriedigenden Situation?)
- **Entwickeln von** persönlichen **Potenzialen** (Was/Wer ist in dieser Situation hilfreich? Erfahrungen, Kenntnisse, Fähigkeiten, Personen)
- **Hinterfragen** bisheriger Sichtweisen (z. B: Ist jede Auseinandersetzung schlimm, oder birgt sie auch Potenziale?)

Durch diese Schritte soll eine Neubewertung von Situationen und deiner eigenen Fähigkeiten bewirkt werden. Das kann in zwei Resultaten münden:

1. Es kann zu größerer Gelassenheit führen, z.B. folgender Ansicht: „Konflikte helfen durchaus, eine Situation zu klären."

Oder/und:

2. Die **Selbstermächtigung** und **Entscheidung**, zukünftig anders zu handeln und zu schauen, ob die Resultate dann eher im gewünschten Sinne ausfallen. Beispielsweise: „Beim nächsten Mal klären wir zuerst die Erwartungen, bevor wir die gemeinsame Arbeit starten."

Um Autonomie anzustreben, bietet Transaktionsanalyse **zwei wirk-mächtige Aktionsfelder** an.

1. **Konzepte**
2. **Haltung** (die die Konzepte trägt)

Die folgende Grafik zeigt die Zusammenhänge noch einmal auf:

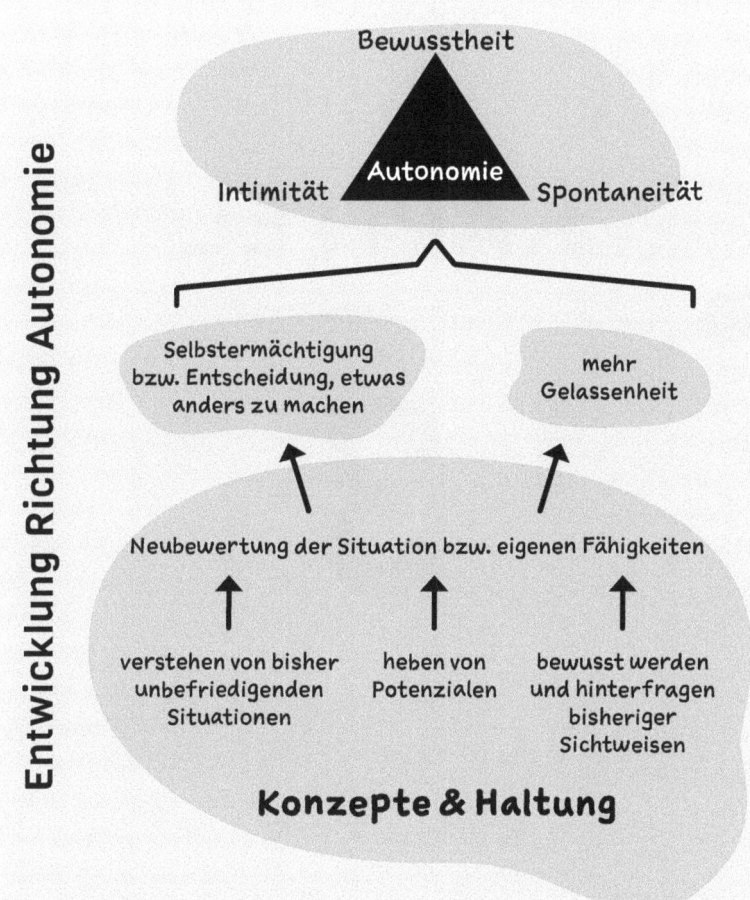

Im Weiteren schauen wir auf die TA-Konzepte (S. 24 – 101), danach auf die Haltung (S. 102).

KAPITEL

3

TA-Konzepte

Lass dir mit „mentalen Landkarten" dabei helfen, Orientierung für relevante Dinge deines Lebens zu bekommen.

3.1 ÜBERBLICK ÜBER TA-KONZEPTE

Hast du dich schon einmal gewundert, warum dir bestimmte Dinge immer wieder passieren? Oder fragst du dich, ob deine Art zu denken und zu fühlen „normal" ist? Warum du so bist, wie du bist, und nicht anders? Oder warum es immer mal wieder zu Konflikten kommt, obwohl du das vielleicht gar nicht möchtest?

TA-Konzepte können dir helfen, bisher unbekannte Vorgänge in der Psyche und zwischen Personen **beschreibbar und besprechbar** zu machen.

TA-Konzepte sind **wie Landkarten.**

Eine Landkarte ist nicht die Wirklichkeit, sondern eine Abbildung, die Menschen in bisher unbekannten Umgebungen eine Orientierungshilfe bietet. Genauso ist es mit TA-Konzepten. Sie bieten dir **Orientierungshilfen für deine Erlebenswelt** sowie Möglichkeiten, wie du **Beziehungen mit anderen gestalten** kannst.

Jeder Mensch orientiert sich bereits an **seinen eigenen mentalen Landkarten.** Wir alle haben Konzepte davon, wie wir unsere Arbeitsbeziehungen gestalten, wie wir uns selbst sehen und wie wir glauben, unsere Ziele erreichen zu können. Diese mentalen Landkarten müssen nicht bewusst sein.

Ergänze einmal folgenden Satz:

Alle Menschen sind ....

Der Gedanke, der dir spontan kommt, könnte ein Teil deiner mentalen Landkarte "Menschenbild" sein. Je nachdem, wie gut unsere Konzepte die Alltags-Umwelt kartieren, erreichen wir das, was wir wollen. Oder eben nicht. Dann verstricken wir uns, weil die Umwelt Rückmeldungen sendet, die nicht zu unserer inneren Konzeptkarte passen.

TA bietet dir **mentale Landkarten** (Konzepte) zur Analyse, zur Veränderung und Entwicklung:

- deines Denkens, Fühlens und Verhaltens
  (Ich-Zustände)
- von Kommunikation **(Transaktionen)**
- von Konflikten und Konfliktentstehung
  (psychologische Spiele mit dem Drama-Dreieck)
- von psychologischen **Grundbedürfnissen**
- von Maßstäben der Bewertung/des **Bezugsrahmens**
  (gut bis schlecht, groß bis klein usw.)
- der eigenen Lebensgeschichte **(Lebensskript)**
- des Selbst-, Menschen- und Weltbilds
  (Grundeinstellungen)
- von Stressmustern **(Antreiber)**
- von Gefühlen **(Maschen, Gefühle und Ersatzgefühle)**
- von Zuwendung, Anerkennung und Aufmerksamkeit
  (Strokes)
- gelingender Zusammenarbeit und Kooperation
  (Vertragskonzept)
- von Vermeidungsstrategien **(Passivität)**

Ich habe sie dir einmal in meiner persönlichen Übersicht kartiert. Sie ist das **zentrale Element,** auf dem dieses Buch fußt.

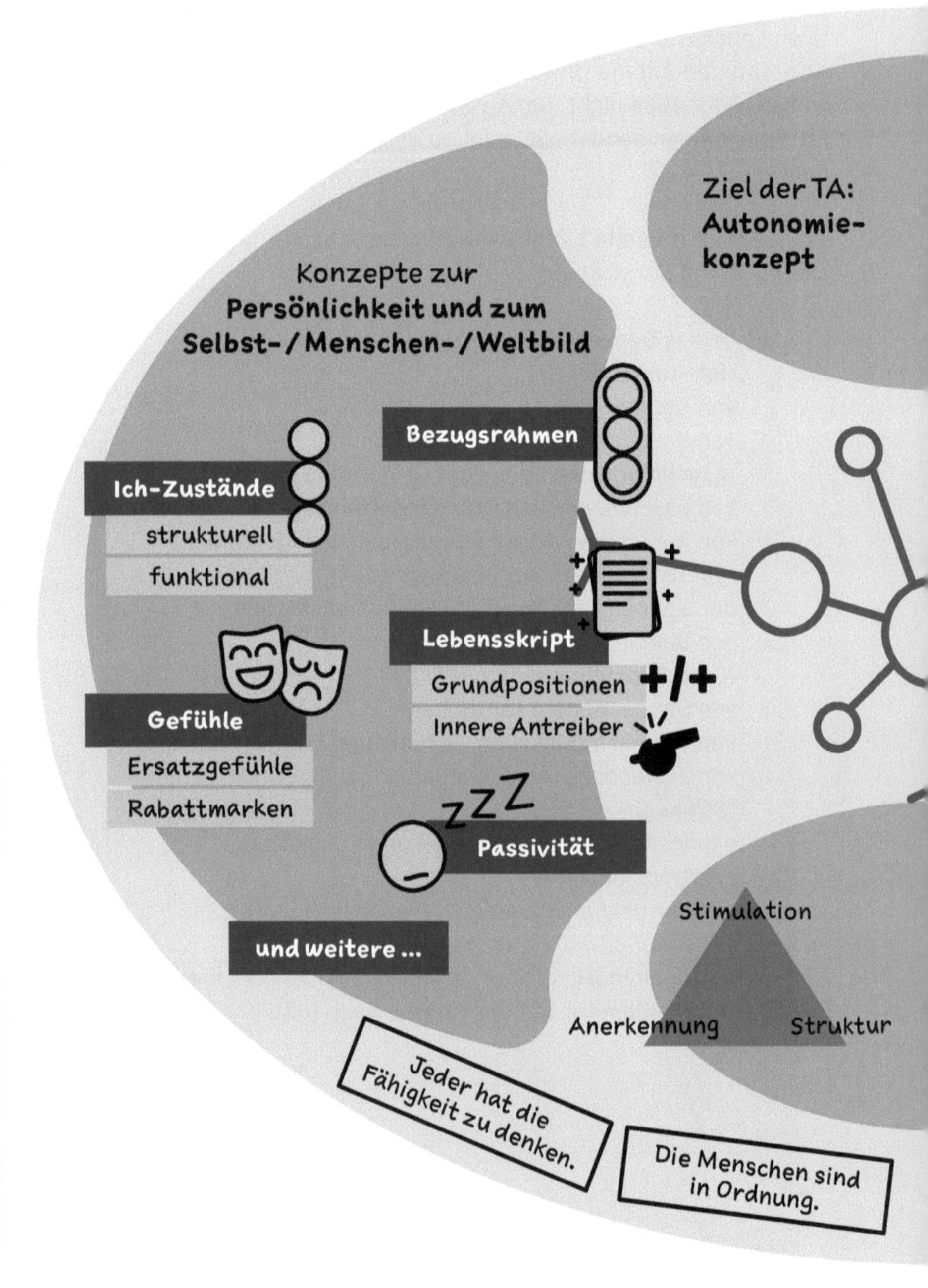

Ziel der TA:
Autonomie-konzept

Konzepte zur
**Persönlichkeit und zum
Selbst- / Menschen- / Weltbild**

Bezugsrahmen

Ich-Zustände

strukturell

funktional

Lebensskript

Grundpositionen **+/+**

Innere Antreiber

Gefühle

Ersatzgefühle

Rabattmarken

zzZ

Passivität

Stimulation

und weitere ...

Anerkennung   Struktur

Jeder hat die
Fähigkeit zu denken.

Die Menschen sind
in Ordnung.

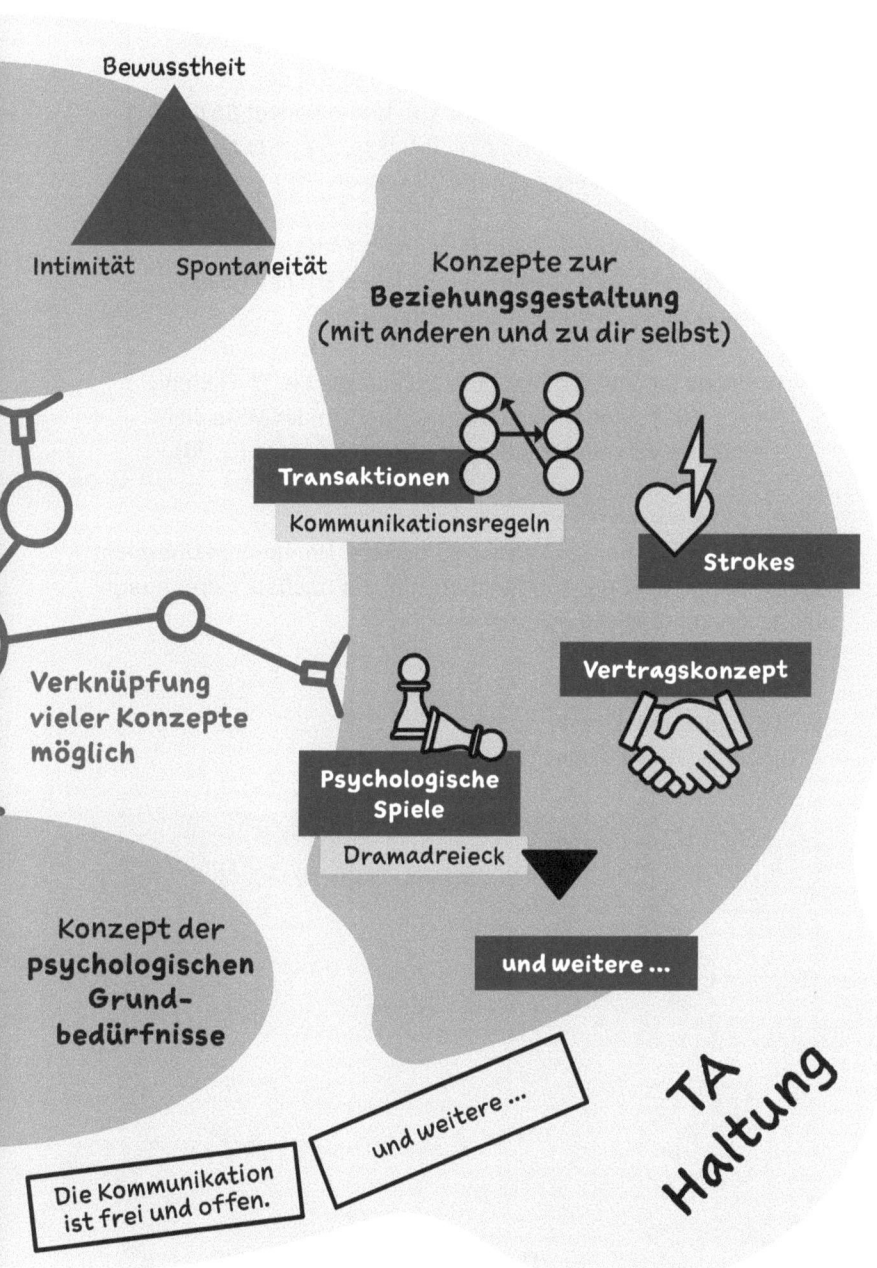

Bewusstheit

Intimität   Spontaneität

Konzepte zur
Beziehungsgestaltung
(mit anderen und zu dir selbst)

Transaktionen

Kommunikationsregeln

Strokes

Vertragskonzept

Verknüpfung
vieler Konzepte
möglich

**Psychologische
Spiele**

Dramadreieck

Konzept der
**psychologischen
Grund-
bedürfnisse**

und weitere ...

TA
Haltung

und weitere ...

Die Kommunikation
ist frei und offen.

Erläuterungen zur Grafik:

▸ Oben in der Abbildung siehst du das Ziel der TA, das Autonomiekonzept (S. 18). Unten findest du die psychologischen Grundbedürfnisse, die jeder Mensch hat. Du lernst sie auf Seite 78 kennen.

▸ Links und rechts siehst du weitere TA Konzepte, unterteilt nach deinem persönlichen Erleben (links) und zur Beziehungsgestaltung (rechts).

▸ Alles ist unterlegt mit einer Ellipse, die die TA-Haltung (S. 102) symbolisiert. Das Netzwerk in der Mitte steht für die Verknüpfung der jeweiligen Konzepte (S. 98).

Das Autonomie-Konzept kennst du bereits. Um uns die Übersicht weiter zu erschließen, schauen wir uns als nächstes drei ausgewählte Konzepte etwas genauer an:

1. die Ich-Zustände
2. die Transaktionen
3. das Drama-Dreieck

Bewusstheit

Intimität   Spontaneität

Autonomiekonzept S. 18 ✓

Ich-Zustände S. 32

Transaktionen S. 44

Drama-Dreieck S. 60

Solltest du nur **wenig Zeit** haben, kannst du dir auch nur die **Steckbriefe** dazu anschauen. Sie geben dir eine schnelle Übersicht über das jeweilige Konzept.

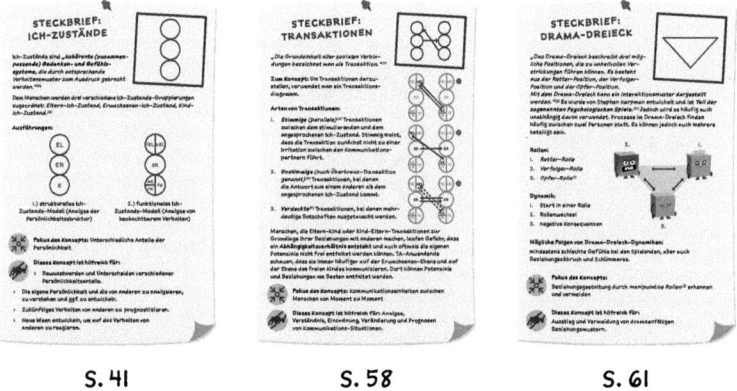

S. 41   S. 58   S. 61

Danach erhältst du einen Überblick über weitere Konzepte der TA (ab S. 76) – ebenfalls in Form von Steckbriefen.

3.2 ICH-ZUSTÄNDE

Stelle dir die folgende Situation vor: Du fragst einen Kollegen, ob er mal eine Minute Zeit für dich hat. Als kurze und scharfe Antwort kommt: „Jetzt nicht!"

▸ Wie würdest du reagieren?
▸ Würdest du ebenfalls im scharfen Ton reagieren?
▸ Oder kleinlaut von dannen ziehen?
▸ Oder locker entgegnen: „Dann komme ich später noch einmal."
▸ Oder noch ganz anders?

Transaktionsanalytiker*innen haben die Grundidee, dass die Persönlichkeit eines Menschen aus **mehreren Teilpersönlichkeiten** besteht.

Um die großen Unterschiede zwischen **möglichen Reaktionen zu erklären,** wird das von Eric Berne entwickelte Konzept der Ich-Zustände herangezogen. Es hilft dir zu verstehen, warum sich Menschen so verhalten, wie sie sich verhalten. Die Ich-Zustände stellen ein **Kernkonzept** dar, auf dem die Transaktionsanalyse fußt. Es kartiert den Bereich der menschlichen Persönlichkeit.

STRUKTURELLES ICH-ZUSTANDS-MODELL (STRUKTURMODELL)

Transaktionsanalytiker*innen nennen es das strukturelle Ich-Zustands-Modell, weil es die **Struktur deiner Persönlichkeit** umreißt.

Dieses Konzept geht der Frage nach, aus welchem Teil der Persönlichkeit ein Verhalten kommt.

TA-ler*innen unterscheiden drei verschiedene Möglichkeiten:

> ▶ das Eltern-Ich (EL)

> ▶ das Erwachsenen-Ich (ER)

> ▶ das Kind-Ich (K)

Die Ich-Zustände werden grafisch **immer in dieser Reihenfolge** dargestellt. Zur besseren logischen Nachvollziehbarkeit erkläre ich jedoch das Erwachsenen-Ich (ER) zuletzt, beleuchte davor das Eltern-Ich (EL) und beginne folgend mit dem Kind-Ich-Zustand (K):

Alle in der **Vergangenheit selbst entwickelten Muster** und gemachten Erfahrungen sowie die **gegenwärtigen Reaktionen darauf** werden dem Kind-Ich (K) zugeordnet.[7]

Dazu gehören beispielsweise kindliche Überzeugungen („Andere sind schlauer als ich"), die später oftmals nicht mehr hinterfragt werden. Vergangenheit meint nicht nur die Kindheit, sondern auch kürzlich zurückliegende Erfahrungen. Das Wort Kind-Ich kann an dieser Stelle zu Verwirrungen führen.

Unreflektiert *übernommene*[8] **Urteile und Wertmaßstäbe** von Bezugspersonen werden dem Eltern-Ich (EL) zugeordnet. Zum Beispiel Standpunkte eines Autors aus einem Fachbuch oder Einstellungen eines Elternteils oder eines Ausbilders aus der Lehrzeit.

Vereinfacht betrachtet, kannst du dir das strukturelle Kind-Ich und das strukturelle Eltern-Ich wie zwei Musik-Datenbanken (Playlists) vorstellen. Alles selbst Produzierte und selbst Erdachte ist in der Kind-Ich Playlist gespeichert. Auch Stücke, der nahen Vergangenheit. Alle Musikstücke von anderen Musiker*innen, befinden sich in der Eltern-Ich Playlist.

Das Erwachsenen-Ich steht für *„das aktuelle Neubestimmen"*[9]. Es meint den reflektierten Rückgriff in der aktuellen Situation auf das selbst Entwickelte (K) sowie das Wertesystem (EL), unter Berücksichtigung dessen, was funktioniert.

Ein Geschäftskunde hat sich noch nicht gemeldet, trotz Absprache. Der Auftrag soll gesichert werden. Was kann also im Hier und Jetzt getan werden um das Problem zu lösen? Beleidigt sein? Sich empören? Anrufen? E-Mail schreiben? Das reflektierte Abwägen der Möglichkeiten kann als Aktivität des strukturellen Erwachsenen-Ichs gesehen werden.

Das Erwachsenen-Ich kannst du dir wie einen DJ vorstellen. Er überlegt, welche Musik aus den beiden Playlists zur aktuellen Situation passt und spielt etwas daraus. Er kann auch ein ganz neues Musikstück hinzufügen. Kurz: es wird eine passende Musik für die aktuelle Situation auswählt oder kreiert.

Ist der DJ nicht am Pult, kann es sein, dass Musik aus einer der beiden Datenbanken (Eltern-Ich oder Kind-Ich) abgespielt wird, egal ob zur Situation passend oder nicht.

In der Persönlichkeitsentwicklung ist das strukturelle Erwachsenen-Ich von großer Bedeutung. Es zu aktivieren, indem du hinterfragst und reflektierst, kann dich zu neuen Erkenntnissen führen. Es fungiert ein bisschen so wie eine Taschenlampe, die ins Unbewusste hineinleuchten und auf diese Weise Inhalte ins Bewusstsein bringen kann. Auf diese Weise können auch kindliche Überzeugungen, die die Persönlichkeit geprägt haben, bewusst werden und auf Aktualität überprüft werden. Klassische Fragen zur Aktivierung des Erwachsenen-Ichs können sein:

▸ Stimmt das tatsächlich? Welche Beweise gibt es dafür und dagegen?
▸ Was ist mein Anteil an der Situation?
▸ Welche Gefühlsimpulse habe ich dazu?
▸ Was bedeutet eine Situation für mich persönlich?
▸ Wie mag es meinem Gegenüber wohl ergehen?
▸ Was kann getan werden, um eine Situation zu lösen?

FUNKTIONALES ICH-ZUSTANDS-MODELL (FUNKTIONSMODELL)

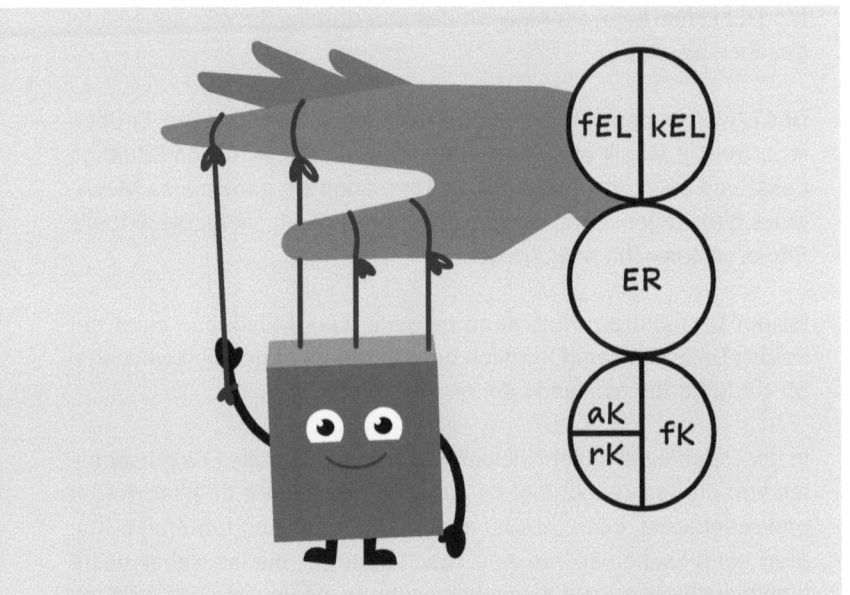

Während die strukturellen Ich-Zustände das Innenleben beleuchten, fokussieren die funktionalen Ich-Zustände das **Verhalten** (Körperhaltung, Wortwahl, Gesichtsausdrücke, Benehmen, Tonalität).

Mit dem funktionalen Ich-Zustands-Modell kannst du unter Anderem anhand des **beobachtbaren Verhaltens analysieren,** aus welchem der Ich-Zustände heraus du und andere Personen gerade agieren. Diese kannst du *grafisch zuordnen*[10] und somit auch für andere zugänglich machen.

Im funktionalen Modell sind zwei der drei **Ich-Zustände noch weiter unterteilt.** Wir ziehen zur Veranschaulichung noch einmal das Beispiel des kurz angebundenen Kollegen, der auf deine Frage, ob er kurz Zeit hätte, mit dem forschen „Jetzt nicht!" geantwortet hat:

1. Wenn du entgegnest: „Kann ich Ihnen etwas Gutes tun?", dann ist das auch ein Hinweis auf deinen Eltern-Ich-Zustand. Nämlich auf den fürsorglichen Teil (**fürsorgliches Eltern-Ich**).

2. Eine Reaktion im scharfen Ton käme aus dem kritischen Eltern-Ich: „Überlegen Sie sich Ihren Tonfall!" Das wirkt belehrend und drohend (**kritisches Eltern-Ich**).

3. Du reagierst rational: „Wann passt es besser?" Dies könnte ein Hinweis auf das Erwachsenen-Ich sein, weil du im Hier und Jetzt rational und lösungsorientiert handelst.

4. Kleinlaut von dannen zu ziehen, gibt einen Hinweis auf das Kind-Ich: „Tut mir leid." Das könnte als eine sich unterordnende, ange-passte Reaktion verstanden werden. Damit könnte man den braven, sich anpassenden Teil des Kindseins assoziieren (**angepasstes Kind-Ich**).

5. Ebenso könnte es sein, dass du entgegnest: „Gut, dann schließe ich eben das Projekt nicht ab und melde das den Vorgesetzten." Eine Mikro-Rebellion gegen den scharfen Ton. Ähnlich eines Kindes in der Trotzphase (**rebellisches Kind-Ich**).

6. Eine weitere Reaktion könnte sein, dass du im spielerisch lockeren Ton reagierst: „Sie sind ja eine richtige Arbeitsmaschine!" (**freies Kind-Ich**).

Du siehst, es kann eine Menge unterschiedlicher Reaktionen geben.

Keiner dieser Ich-Zustände ist besser oder schlechter als ein anderer. Ein gesunder Mensch verwendet alle, um seinen Alltag erfolgreich meistern zu können. Jedem Zustand können *positive sowie negative Aspekte* zugeordnet werden.[11]

Was sich förderlich für dich und dein Umfeld auswirkt, wird positiv gesehen. Als negativ kann hingegen betrachtet werden, was keine Lösungen bringt oder sich gar schädlich auswirkt. Beispiele für positive und negative Auswirkungen habe ich dir in folgender Grafik einmal dargestellt:

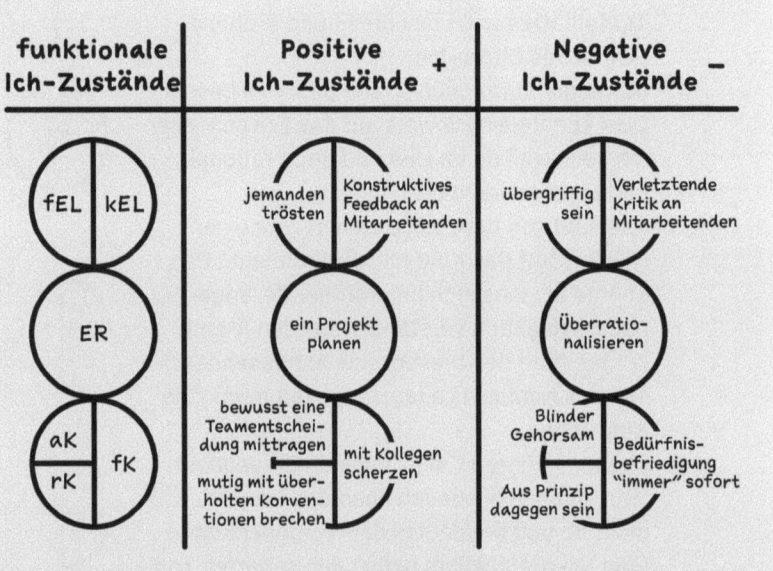

Besonders mit dem Konzept der funktionalen Ich-Zustände kannst du die **Gemütszustände von dir selbst und anderen im Alltag erkennen** und ihre kommunikativen Auswirkungen zuordnen.

Du kannst die **Verhaltensunterschiede** in verschiedenen Situationen auf die Ich-Zustände **zurückführen.**

Du kannst **mehr Akzeptanz** für andere entwickeln. Du kannst das Konzept auch dafür nutzen, dich auf wiederkehrende Verhaltensweisen anderer vorzubereiten, um dann auf neue Weise zu handeln.

In der aktuellen Literatur werden die funktionalen Ich-Zustände auch herangezogen, um **gedankliche Vorgänge zu analysieren.**[12]

Beispielsweise, wenn du dir unschlüssig bist: „Soll ich das heiße Thema im Meeting ansprechen oder eher nicht?" Dieser Zwiespalt kann als gedanklicher Austausch von Ich-Zuständen gesehen werden. Gerade für TA-Neulinge sind zunächst die funktionalen Ich-Zustände interessant. Durch ihre Beobachtung kannst du bereits viele Ideen darüber gewinnen, wie die unterschiedlichen Ich-Zustände auf andere wirken.

VERBINDUNG ZWISCHEN STRUKTUR-MODELL UND FUNKTIONSMODELL

Eine Verhaltensweise (funktionale Ich-Zustände) kann aus **allen Teilen** der Persönlichkeit (strukturelle Ich-Zustände) heraus gespeist werden.

Es kommt darauf an, ob sie...

- ▸ ...selbst entwickelt wurde (Kind-Ich),
- ▸ von außen übernommen wurde (Eltern-Ich)
- ▸ oder ob ein reflektierter Zugriff auf die Inhalte des Kind- oder Eltern-Ichs stattfindet (Erwachsenen-Ich).

Beispiel: Eine Vorgesetzte zeigt einem Mitarbeiter eine Grenze auf. Auf der Verhaltensebene (funktionale Ich-Zustände) wird von ihr das kritische Eltern-Ich besetzt. Strukturell gesehen ergeben sich aber drei Möglichkeiten:

1. Vielleicht hat die Vorgesetzte bereits als Kind in ihrem Umfeld gelernt, Führungsrollen zu besetzen. Dann wäre das Verhalten selbst entwickelt (strukturelles Kind-Ich).
2. Vielleicht handelt die Vorgesetzte auch wie ihr ehemaliger Ausbilder während eines Praktikums. Dann könnte man von einem übernommenen Verhalten sprechen (strukturelles Eltern-Ich).

3. Vielleicht ist die Grenzziehung gar nicht aus einem Affekt heraus, sondern reflektiert und wohl durchdacht (strukturelles Erwachsenen-Ich).

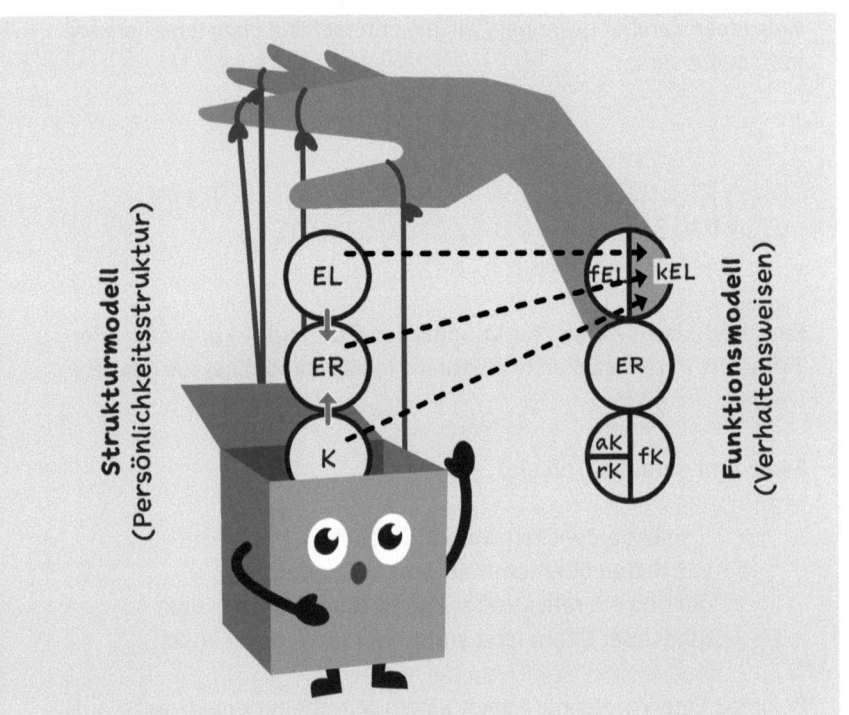

Diese Verbindung zwischen Struktur- und Funktionsmodell kann für Beratende, Coachende und Therapierende interessant sein. Wenn jemand beispielsweise ein inadäquates Verhalten zeigt (Funktionsmodell), dann kann man fragen: Woher kommt das (Strukturmodell)? Eine Intervention könnte dann darin bestehen, das Erwachsenen-Ich der jeweiligen Person einzuladen, das Verhalten zu reflektieren.

Als nächstes erhältst du einen Steckbrief zu den Ich-Zuständen. Mit ihm erhältst du auf einen Blick Informationen zu den wichtigsten Eckpfeilern dieses Konzepts.

STECKBRIEF: ICH-ZUSTÄNDE

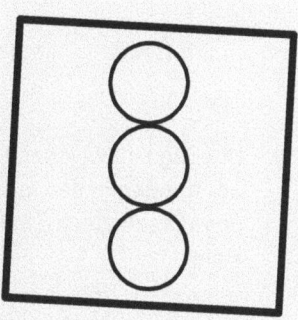

Ich-Zustände sind *„kohärente (zusammen-passende) Gedanken- und Gefühls-systeme, die durch entsprechende Verhaltensmuster zum Ausdruck gebracht werden."*[(a)]

Dem Menschen werden drei verschiedene Ich-Zustands-Gruppierungen zugeordnet: *Eltern-Ich-Zustand, Erwachsenen-Ich-Zustand, Kind-Ich-Zustand.*[(b)]

Ausführungen:

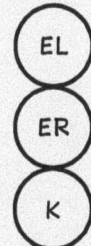

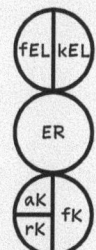

| I.) strukturelles Ich-Zustands-Modell (Analyse der Persönlichkeitsstruktur) | 2.) funktionales Ich-Zustands-Modell (Analyse von beobachtbarem Verhalten) |

Fokus des Konzepts: Unterschiedliche Anteile der Persönlichkeit

Dieses Konzept ist hilfreich für:

▸ Bewusstwerden und Unterscheiden verschiedener Persönlichkeitsanteile.

▸ Die eigene Persönlichkeit und die von anderen zu analysieren, zu verstehen und ggf. zu entwickeln.

▸ Zukünftiges Verhalten von anderen zu prognostizieren.

▸ Neue Ideen entwickeln, um auf das Verhalten von anderen zu reagieren.

ÜBUNG

1. Überlege, in welchen Situationen du innerhalb der letzten
   24 Stunden in den jeweiligen Eltern-Ich-Zuständen, im
   Erwachsenen-Ich-Zustand und in den Kind-Ich-Zuständen
   warst.

   Schreibe Deine Gedanken auf. Was hast Du dir innerlich
   gesagt? Über dich selbst, über die anderen und die Welt?
   Was hast du gefühlt? Wie hast du dich verhalten?

2. Erinnere dich, wann andere Personen in den letzten 24
   Stunden die jeweiligen Zustände besetzt haben. Wie
   haben sich diese Personen verhalten? Wie haben sie
   gesprochen?

Hinweis für die Anleitung in Gruppen: Du kannst die Aufgabe zunächst jede Person für sich durchführen lassen, dann einen Austausch zu dritt anregen und zum Schluss eine Diskussion über die Erkenntnisse in der Gruppe moderieren.

Beispiellösungen findest du online – siehe TAplus.de/ta-buch

AUSBLICK

Neben der Verhaltensbeobachtung gibt es weitere Möglichkeiten, wie Ich-Zustände analysiert werden können: zum Beispiel darüber, welche Gefühle das Verhalten anderer bei dir auslösen (soziale Diagnose).

Es gibt auch weitere Übungen, mit denen du deine Ich-Zustände analysieren und entwickeln kannst. Mehr dazu erfährst du im letzten Kapitel.

3.3 TRANSAKTIONEN

„**Transaktionen**": Dieser Begriff klingt eher nach Wirtschaftsthemen, was in einem gewissen Sinn auch zutrifft. Denn mit jeder Transaktion tauschen wir Kommunikationseinheiten aus, um etwas Bestimmtes zu *erreichen*.[13]

Diese Kommunikationseinheiten bestehen aus **Worten** (Informationen), **Gefühlsstimuli** (Gestik, Mimik, Körperhaltung) oder/und **paraverbalen Anteilen** (Stimmton).

Die Transaktionen sind ein *Kernkonzept der Transaktionsanalyse*[14]. Sie können als ***Bausteine der Kommunikation***[15] verstanden werden.

Eine **Transaktion** besteht aus **zwei Teilen:**

1. Dem *Transaktions-Stimulus*

2. Dem *Transaktions-Response*[16]

Ein Kollege sagt etwas (Stimulus) aus einem bestimmten Ich-Zustand zu seiner Kollegin.

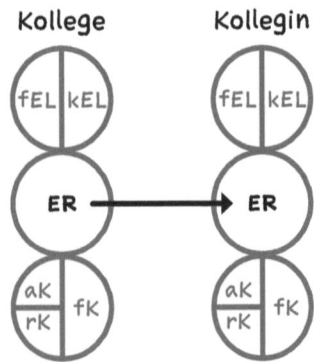

Du siehst schon: Um Transaktionen zwischen Menschen zu analysieren, wird jeweils das Funktionsmodell der Ich-Zustände der beteiligten Personen verwendet (S. 36).

Die Kollegin nimmt den Stimulus mit einem ihrer Ich-Zustände auf und antwortet (Response). Beide haben eine Transaktion vollzogen.

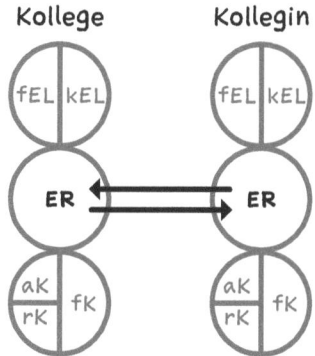

Dabei entscheidet die Response-Person selbst (meist unbewusst), welcher Ich-Zustand bei ihr angesprochen wird (oder: „anspringt"). Je nachdem, wie sie den Stimulus auffasst.

Nun könnte der Kollege die Antwort (Response) seiner Kollegin als eine Einladung betrachten, erneut zu antworten. Die *Response* der Kollegin *wird* dann wiederum für den Kollegen *zum Stimulus*.[17]

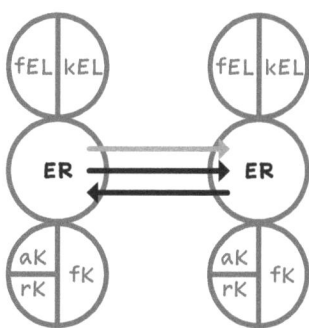

Stimulus - Response - Stimulus - Response - ... usw.: Ein Hin und Her *(Kette von Abfolgen[18])* von Transaktionen. Auf diese Weise **entstehen Gespräche.**

Es gibt **drei Arten von Transaktionen** (schauen wir uns genauer an):

1. stimmige Transaktionen
2. unstimmige Transaktionen
3. verdeckte Transaktionen

1. STIMMIGE TRANSAKTIONEN
(PASSENDE/KOMPLEMENTÄRE / PARALLELE TRANSAKTIONEN)

Stelle dir die folgende Situation vor: Nach einem Meeting fragt eine Abteilungsleiterin mit sachlicher Stimme eine andere Abteilungs-leiterin: „Weißt du, wann das nächste Meeting stattfindet?" Diese antwortet mit sachlicher Stimmlage: „Nein, das wurde nicht gesagt."

Stimmige Transaktionen sind häufig und angenehm, weil wir kom-munikativ das bekommen, was wir erwarten. Sie fühlen sich vertraut an. Sie werden auch parallele Transaktionen genannt, weil *aus dem gleichen Ich-Zustand geantwortet wird, der angesprochen wurde.*[19]

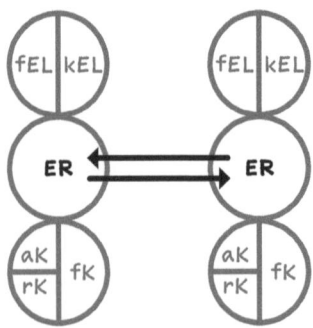

Die Frage nach dem nächsten Meeting geht als Stimulus vom Erwachsenen-Ich zum Erwachsenen-Ich des Gegenübers. Dieses Gegenüber antwortet mit der Verneinung ebenfalls aus dem Erwachsenen-Ich. Die Transaktionen sind parallel.

Im kommunikativen Austausch kann es parallele Transaktionen zwischen allen Ich-Zuständen geben. Die häufigsten sind jedoch Eltern-Kind-, Kind-Eltern-, Erwachsenen-Erwachsenen- und Kind-Kind-Transaktionen.

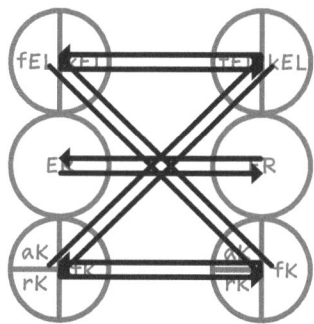

Nutzen von stimmigen Transaktionen

Es hat langfristig gesehen **enorme Auswirkungen,** wie häufig du in Relation mit anderen auf der Erwachsenen-Ebene oder auf der Eltern-Kind- bzw. Kind-Eltern-Ebene kommunizierst.

Diese Ebenen beeinflussen dein Denken, deine Gefühle, dein Selbstwirksamkeitserleben und damit auch deine Identität und dein Weltbild.

Ein Meilenstein in der transaktionsanalytischen Entwicklungsarbeit besteht darin, dass du dir deiner Transaktionen mit anderen bewusst wirst und immer mehr die sog. konstruktiven Ich-Zustände einnimmst.

Als konstruktiv kann der Austausch zwischen den positiven Aspekten der Ich-Zustände verstanden werden.

Zum Beispiel...

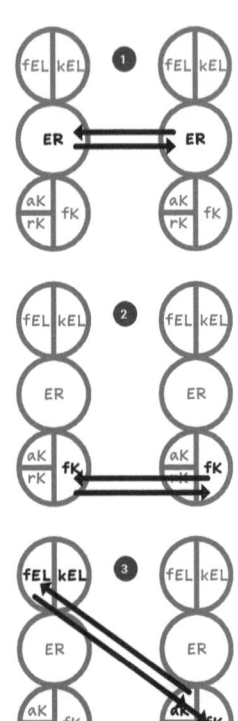

1. ...den Erwachsenen-Ich-Zuständen zum Austausch von Informationen und dem aktiven Suchen danach.

2. ...den freien Kind-Ich-Zuständen zum Spaß-Haben und Kreativ-Sein, welche dich Lebensfreude spüren lassen.

3. ...dem fürsorglichen Eltern-Ich zum freien, traurigen oder verletzten Kind-Ich, wenn du dich angemessen und innerhalb deiner eigenen Wohlfühlgrenzen um andere kümmerst und es auch annehmen kannst, wenn jemand sich um dich kümmert. Zum Beispiel, wenn du traurig bist oder dich verletzt fühlst.

Es gibt noch weitere, doch für das kompakte Format beschränke ich mich auf diese drei.

2. UNSTIMMIGE TRANSAKTIONEN (NICHT KOMPLEMENTÄRE/ ÜBERKREUZ- TRANSAKTIONEN)

Nach einem Meeting fragt eine Abteilungsleiterin mit sachlicher Stimme eine andere Abteilungsleiterin: „Weißt du, wann das nächste Meeting stattfindet?" Diese antwortet vorwurfsvoll: „Sag mal, kannst du nicht zuhören?"

Bei unstimmigen Transaktionen wird *nicht aus dem angesprochenen (intendierten) Ich-Zustand geantwortet.* [20]

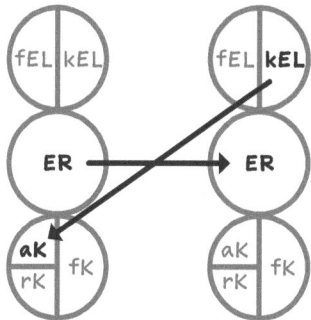

Diese Art von Transaktionen werden von vielen TA-Anwender*innen auch Überkreuz-Transaktionen genannt. Allerdings stimmt das nicht immer mit der graphischen Darstellung überein, weil die Pfeile dabei nicht notwendig überkreuz laufen. Ein Beispiel …

„Fandest du das Meeting heute auch wieder so schrecklich?" Der Stimulus zum gemeinsamen Lästern aus dem kritischen Eltern-Ich erfährt eine Unstimmigkeit durch eine sachliche Überlegung (Response) aus dem lösungsorientierten Erwachsenen-Ich. „Hast du Vorschläge, wie wir das Meeting verbessern könnten?"

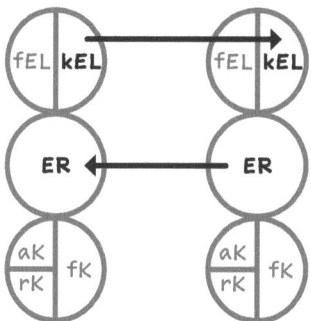

In jedem Fall sind sie „unstimmig", weil die Antwort nicht aus dem erwarteten Ich-Zustand kommt.

Du kannst sie daran erkennen, dass der **Kommunikationsfluss eine Wendung** nimmt und/oder einen Abbruch findet. Das kann durch einen **Wechsel des Fokus** im Gespräch passieren oder auch durch eine **Änderung der Stimmlage und Stimmung.**

Im **Alltag** häufiger vorkommende, **relevante Varianten** sind, dass ein Stimulus vom Erwachsenen-Ich an das Erwachsenen-Ich des Gegenübers aus dem Kind- oder Eltern-Ich beantwortet wird.

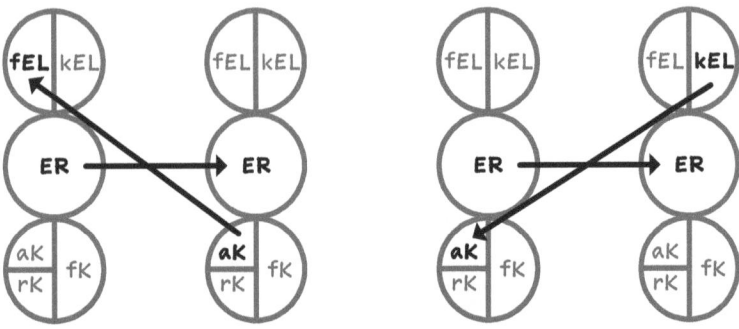

So wie bei der sachlichen Frage nach dem nächsten Meeting aus dem Eltern-Ich geantwortet wird: „Sag mal, kannst du nicht zuhören?" Oder aus dem Kind-Ich mit verunsicherter Stimme: „Nein, ich weiß nicht. Was sollen wir denn jetzt machen?"

Eine weitere Variante der unstimmigen Transaktionen für eine lösungsorientierte Wende besteht darin, einen Stimulus aus dem Kind- oder Eltern-Ich **auf der Erwachsenen-Ebene zu beantworten.**

▸ Erinnerst du dich noch an das Beispiel, in dem du nach einem Meeting eine Kollegin nach einer Information fragst? Die Antwort (kEL) lautete: „Sag mal, kannst du nicht zuhören?" Deine gekreuzte Reaktion aus dem Erwachsenen-Ich könnte so aussehen: „Ich habe es anscheinend nicht mitbekommen. Was war nochmal die vereinbarte Uhrzeit?"

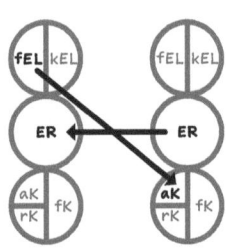

▶ Eine Entscheidung steht an. Ein Kollege fragt (aK): „Was sollen wir denn jetzt machen?" und lädt dich damit sein, das aktive Denken für ihn zu übernehmen (fEL). Du besetzt stattdessen bewusst das Erwachsenen-Ich (ER): „Welche Möglichkeiten sehen Sie?"

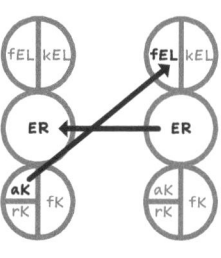

Wenn du mit bestimmten Personen immer wieder die gleichen Kommunikationsschleifen durchläufst, kannst du diese Transaktionsart dafür verwenden, **anders als erwartet zu antworten.**

Unstimmige Transaktionen ermöglichen dir einerseits, einen **Wechsel von Ich-Zuständen** in eine eher nicht hilfreiche Richtung zu **bemerken,** und andererseits, bewusst den **Gesprächsverlauf** in eine für dich zielführendere Richtung zu **verändern.** Zudem ermöglichen sie dir weniger angreifbar zu werden, weil dir schneller bewusst werden kann, welcher Ich-Zustand bei dir angesprochen wird.

3. VERDECKTE TRANSAKTIONEN
(DOPPELBÖDIGE TRANSAKTIONEN)

Nach einem Meeting fragt eine Abteilungsleiterin mit sachlicher Stimme eine andere Abteilungsleiterin: „Weißt du, wann das nächste Meeting stattfindet?" Diese antwortet mit **überbetont** fürsorglichem Unterton: „Nächste Woche Mittwoch, 10 Uhr?"

Kennst du das auch? Manche Menschen sprechen scheinbar über irgendetwas Sachliches, aber etwas anderes schwingt da noch mit? Eine indirekt wertende Aussage über deine Intelligenz zum Beispiel?

Bei verdeckten Transaktionen müssen wir unserer **Intuition vertrauen** und auf den Ton hören, der die Musik macht.

Die Färbung des Gesagten und dessen Inhalt fallen auseinander. Eine **Zweideutigkeit entsteht.**

Im Falle unseres Beispiels könnte die verdeckte Botschaft lauten: „Dummerchen, hast du mal wieder nicht aufgepasst!?"

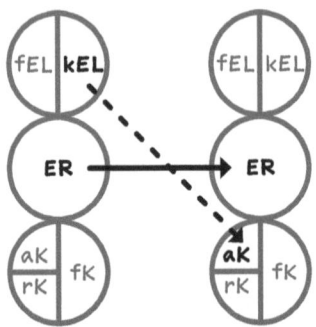

Bei verdeckten Transaktionen findet auf zwei Informationsebenen ein Austausch statt.

Einmal die *soziale Dimension, bei der es um den Inhalt*[21] der Worte geht. Dies ist der offensichtliche Teil der verdeckten Transaktion.

Dazu kommt die *psychologische Dimension, die die Beziehungs-ebene*[22] anspricht. Sie ist nicht offensichtlich und wird eher intuitiv wahrgenommen.

Bei verdeckten Transaktionen wird die Information auf der *offensichtlichen sozialen Ebene meist zwischen den Erwachsenen-Ich-Zuständen*[23] ausgetauscht.

Die *verdeckte Ebene* geht meist *vom Eltern-Ich zum Kind-Ich* oder vom *Kind-ich zum Eltern-Ich.*[24]

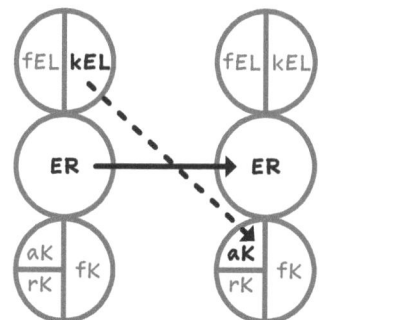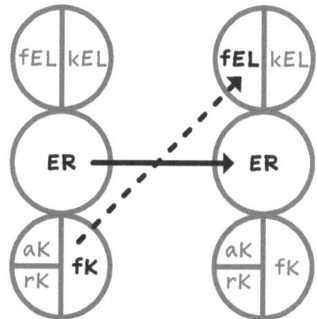

Wie könnte eine Reaktion auf die Antwort der Abteilungsleiterin aussehen, die nach dem nächsten Meetingtermin gefragt hat? Mit einer gewissen Wahrscheinlichkeit kommt eine Reaktion, die auf die psychologische Ebene eingeht.

Diese käme dann aus dem Kind-Ich:

▸ eine Rechtfertigung (Anpassung)
▸ eine genervte Reaktion (rebellisch)

Wenn andere Menschen verdeckte Transaktionen einsetzen, kann für dich der **Nachteil** entstehen, dass dein Gegenüber bei einer Konfrontation der psychologischen Dimension einfach auf die offensichtliche Ebene springen kann. Ganz unschuldig: „Ich habe nur gesagt, dass das nächste Meeting nächsten Mittwoch um zehn Uhr stattfindet."

Wenn du dein Bewusstsein für mehrdeutige Botschaften entwickelst, hast du ein **mächtiges Erkennungswerkzeug** zum Entschlüsseln von Kommunikationsabläufen.

Verdeckte Transaktionen werden häufig als **Manipulationen** eingesetzt. Unter Manipulation ist zu verstehen, dass ein Motiv nicht angesprochen wird, sondern dass **über Umwege** eine Absicht erreicht werden soll. Zum Beispiel, dass eine Person ihren Selbstwert erhöhen möchte, indem sie dir zwischen den Zeilen mitteilt: „Du Dummchen."

Dir der **verdeckten Ebene bewusst zu werden,** hat den großen Vorteil, dass sie ihre Wirkung nicht mehr im Verborgenen entfalten kann, sondern Teil der offensichtlichen Interaktion wird. Zudem musst du dich bei zweideutigen Botschaften nicht mehr infrage stellen: „Wie war das gemeint?" Du kannst es ansprechen.

Auf diese Weise kannst du Manipulationen und Doppeldeutigkeiten den **Wind aus den Segeln** nehmen.

Du könntest dir der Mehrdeutigkeit bewusst werden, indem du die **Wortebene und die verdeckte Ebene unterscheidest.**

- Die Abteilungsleiterin könnte zurückfragen: „Ich höre da ein gewisse Ironie in ihrem Ton? Höre ich richtig?"
- Weiterhin könnte sie ihrer Kollegin eine Orientierung geben: „Danke für die Auskunft, aber ohne ironischen Unterton würde ich sie mehr schätzen."
- Sie könnte aber auch die Zweideutigkeit einfach überhören, weil sie in ihrem Selbstwert so stabil ist, dass sie keine Abgrenzung oder Rechtfertigung braucht.

Die meisten verdeckten Transaktionsstimuli werden unbewusst gesendet. Deswegen können wir nicht unbedingt Böswilligkeit unterstellen und können dem deswegen mit einer **Haltung von Neugier** und „mehr erfahren wollen" begegnen.

Positive verdeckte Transaktionen

Manchmal entstehen unter befreundeten Menschen **ganz eigene Kommunikationsmuster.** Ein Beispiel: Obwohl sie per du sind und auch ihre Freizeit miteinander verbringen, reden sich zwei Kollegen im Arbeitskontext mit überspitzt süffisantem Ton mit Herr Schulze und Herr Dr. Meier an.

Bereits am Ton ist zu hören, dass die Formalitäten nicht ganz ernst gemeint sein können. Die beiden weisen sich in aller Öffentlichkeit auf Formverstöße hin: „Herr Schulze, so legt man das Besteck nach dem Essen aber nicht korrekt ab." „Oh, Herr Meier, da war ich etwas nachlässig."

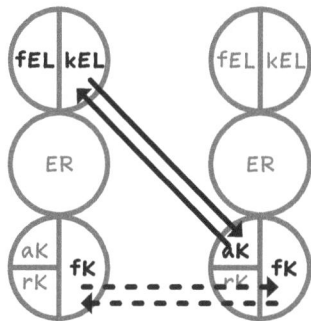

Die beiden haben einen **Sprachcode entwickelt.** „Öffentlich" gehen die beiden distanziert miteinander um. Auf der verdeckten Ebene spielen sie jedoch miteinander. An ihrer Mimik und Tonlage erkennen die Spieler gegenseitig, was ernst und was als Spiel gemeint ist.

Solche Sprachcodes schaffen ein Zugehörigkeitsgefühl bei den Kommunikationspartnern und stärken somit die gegenseitige Bindung.

ÜBUNG

Denke dir drei Transaktionen aus: eine stimmige, eine unstimmige und
eine verdeckte. Zeichne dazu das jeweilige Transaktionsdiagramm.

Beispiel:

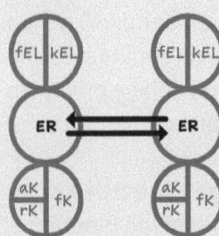

„Wo hast du die Information über Kunde
Schmidt neulich herbekommen?"

„Frage mal bei Kollegin Esbacher nach,
die weiß mehr."

**stimmige
Transaktion**

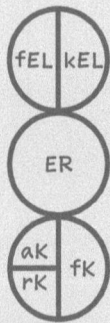
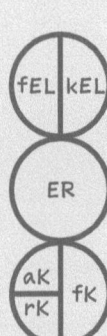

....

....

....

....

....

unstimmige Transaktion

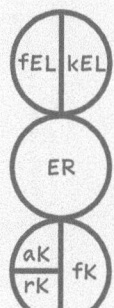 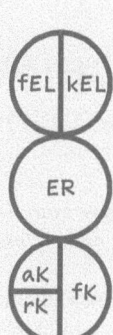

verdeckte Transaktion

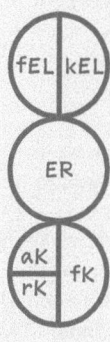 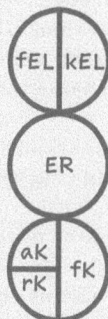

Beispiellösungen findest du online – siehe TAplus.de/ta-buch

STECKBRIEF: TRANSAKTIONEN

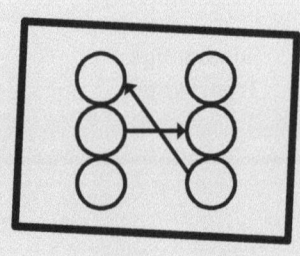

„Die Grundeinheit aller sozialen Verbindungen bezeichnet man als Transaktion."(c)

Zum Konzept: Um Transaktionen darzustellen, verwendet man ein Transaktionsdiagramm.

Arten von Transaktionen:

I. *Stimmige (parallele)(d)* Transaktionen zwischen dem stimulierenden und dem angesprochenen Ich-Zustand. Stimmig meint, dass die Transaktion zunächst nicht zu einer Irritation zwischen den Kommunikationspartnern führt.

2. *Unstimmige (auch Überkreuz-Transaktion genannt)(e)* Transaktionen, bei denen die Antwort aus einem anderen als dem angesprochenen Ich-Zustand kommt.

3. *Verdeckte(f)* Transaktionen, bei denen mehrdeutige Botschaften ausgetauscht werden.

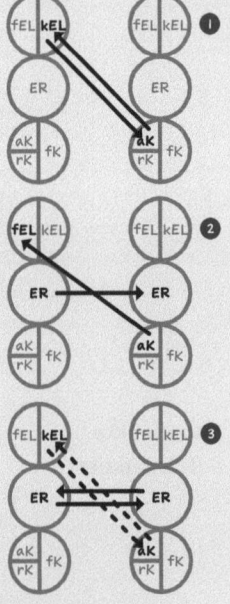

Menschen, die Eltern-Kind oder Kind-Eltern-Transaktionen zur Grundlage ihrer Beziehungen mit anderen machen, laufen Gefahr, dass ein **Abhängigkeitsverhältnis entsteht** und auch oftmals die eigenen Potenziale nicht frei entfaltet werden können. TA-Anwendende schauen, dass sie immer häufiger auf der Erwachsenen-Ebene und auf der Ebene des freien Kindes kommunizieren. Dort können Potenziale und Beziehungen am Besten entfaltet werden.

Fokus des Konzepts: Kommunikationseinheiten zwischen Menschen von Moment zu Moment

Dieses Konzept ist hilfreich für: Analyse, Verständnis, Einordnung, Veränderung und Prognosen von Kommunikations-Situationen.

AUSBLICK

In TA-Weiterbildungen trainierst du das Erkennen von Transaktionen intensiv. Mit ein wenig Übung wirst du schnell einen Sinn für die gängigen Arten entwickeln.

Es gibt noch weitere Transaktionsarten. Zum Beispiel die tangentialen Transaktionen, bei denen jemand den Fokus deiner Aussage verschiebt und dir auf diese Weise das Wort im Mund herumdrehen kann.

3.4 DRAMA-DREIECK

Kennst du auch diese „**denkfaulen**" Mitarbeitenden?

Ein Kunde soll gewonnen werden. Du vereinbarst mit einem solchen „denkfaulen" Kollegen, dass er einen Interessenten anruft.

Als du dann ein paar Tage später nachfragst, was beim Telefonat herausgekommen ist, sagt der Kollege: „Da muss ein **Angebot hingeschickt** werden."

„Und, hast du das gemacht?"

„**Nein.**"

Innerlich verdrehst du die Augen. Denn dieses Ereignis ist vermutlich **kein Einzelfall**. So könnte es in der Vergangenheit dazu gekommen sein, dass du einen Großteil der Aufgaben selbst übernommen hast.

Solch ein Miteinander kann echte Mühen bedeuten und **Beziehungsschäden** hervorbringen. Zum Beispiel dann, wenn du in immer mehr Arbeit ertrinkst oder du irgendwann genügend Ärger angestaut hast, der das **Fass zum Überlaufen** bringt und deswegen ein Konflikt ausbricht.

Diese und andere Situationen spielen sich ab, weil wir in der Beziehung zu anderen oftmals bestimmte Rollen einnehmen. Die Transaktionsanalyse analysiert das Zusammenwirken dieser Rollen mit dem Drama-Dreieck.

Mit dem **Drama-Dreieck** der Transaktionsanalyse erhältst du die Möglichkeit, bisher **unbewusste Dysbalancen** in Beziehungen bewusst werden zu lassen.[25] Solche Beziehungen kannst du dann vermeiden, ausgleichen oder verlassen.

STECKBRIEF: DRAMA-DREIECK

„Das Drama-Dreieck beschreibt drei mögliche Positionen, die zu unheilvollen Verstrickungen führen können. Es besteht aus der Retter-Position, der Verfolger-Position und der Opfer-Position.
Mit dem Drama-Dreieck kann ein Interaktionsmuster dargestellt werden."[g] Es wurde von Stephen Karpman entwickelt und ist **Teil der sogenannten Psychologischen Spiele.**[h] Jedoch wird es häufig auch unabhängig davon verwendet. Prozesse im Drama-Dreieck finden häufig zwischen zwei Personen statt. Es können jedoch auch mehrere beteiligt sein.

Rollen:

I. *Retter-Rolle*

2. *Verfolger-Rolle*

3. *Opfer-Rolle*[i]

Dynamik:

I. Start in einer Rolle

2. Rollenwechsel

3. negative Konsequenzen

Mögliche Folgen von Drama-Dreieck-Dynamiken:

mindestens schlechte Gefühle bei den Spielenden, aber auch Beziehungsabbruch und Schlimmeres.

Fokus des Konzepts:

Beziehungsgestaltung durch *manipulative Rollen*[j] erkennen und vermeiden

Dieses Konzept ist hilfreich für:

Ausstieg und Vermeidung von dramaanfälligen Beziehungsmustern.

SIEBEN „GUTE" GRÜNDE FÜR BEZIEHUNGSDRAMA

Warum bringen sich Menschen in Schwierigkeiten mit anderen?

1. Sie wollen (scheinbar) **drohenden Schaden fernhalten,** zum Beispiel durch Vertuschen eines Fehlers.

2. Sie wollen *andere nicht verletzen*[26], indem sie eigentlich notwendiges kritisches Feedback nicht geben.

3. *Sie wollen andere ausschließen, um selbst dringend benötigte* **Aufmerksamkeit** *zu erhalten.*[27]

4. Weil der direkte Weg zur Bedürfnisbefriedigung in der Vergangenheit nicht funktionierte, werden **gewohnheitsmäßig Umwege gegangen.**

5. Wenn dieselben Schwierigkeiten immer wieder auftauchen, macht das *Beziehungen berechenbar*[28] und verleiht ihnen somit eine gewisse Stabilität. Stabilität ist uns ein wichtiges Bedürfnis.

6. Zur **Regulierung des Abstands,** weil man mit zu viel Nähe zu einer anderen Person nicht umgehen kann, obwohl man sie sich insgeheim wünscht.

7. Um das eigene **Innenleben nicht offenbaren** zu müssen und damit *verletzlich*[29] zu werden.

1. DIE RETTER-ROLLE

Man könnte meinen, dass Menschen, die die Retter-Rolle einnehmen, **gesellschaftlichen Rückenwind** haben. Sie wirken *hilfreich*[30]. Denjenigen, die diese Rolle mit Leidenschaft ausüben, wird mitunter sogar ein Helfersyndrom zugeschrieben.

Bei aller scheinbarer Gutmütigkeit und Hilfsbereitschaft **schwingt jedoch noch etwas anderes mit.** Durch das Hilfreich-Sein tun Personen in der Retter-Rolle auch etwas für sich. Oft verspüren sie einen **inneren Zwang zum Helfen,** weil sie sich sonst in ihrer Haut nicht mehr wohl fühlen.

Menschen in der Retter-Rolle **werten die Fähigkeit anderer ab,** sich selbst helfen zu können. Sie sagen dann vielleicht zu sich: „Ohne mich wäre das hier schief gegangen. Die brauchen mich!"

Und tatsächlich stellt sich ihre Wirklichkeitssicht manchmal für andere ebenso dar. Durch das häufige Einnehmen der Retter-Rolle haben sie sich gefühlt **unentbehrlich gemacht.** Sie haben solche Menschen angezogen, die eine dazu passende Opferhaltung einnehmen. Das kann diese dazu verleiten, die eigenen Fähigkeiten zur Problemlösung ungenutzt zu lassen. Menschen in der Retter-Rolle leisten oftmals einen unbewussten **Beitrag** dazu, dass andere **Menschen ihre Potenziale nicht entfalten** (können).

Wenn jemand die Retter-Rolle besetzt, nimmt diese Person meist den **fürsorglichen Eltern-Ich** Zustand ein.

Mit ihren Transaktionen laden sie andere tendenziell zu kindlichen Reaktionen ein.

1. Zum Beispiel Menschen, die sich dem Druck des Rettungsangebots fügen (angepasstes Kind-Ich).

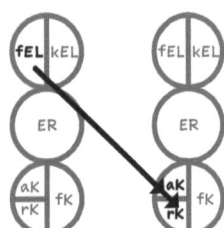

2. Oder Menschen, die sich dagegen wehren, bemuttert zu werden (rebellisches Kind-Ich).

Es geht natürlich auch, dass sich andere entspannt zurücklehnen und den Rettenden die Arbeit überlassen (Erwachsenen-Ich).

Ein **Vorteil** der Retter-Rolle besteht darin, dass sie mit viel **Anerkennung** und **Zuspruch** verknüpft ist. Doch Menschen, die diese Position bevorzugt besetzen, können auch leicht **ausgenutzt** werden. Dann helfen sie oft sogar, obwohl sie es eigentlich gar nicht wollen. Ein echter **Nachteil**.

Menschen, die die Retter-Position einnehmen, haben oftmals ein **verkümmertes Selbstwertgefühl.** Sie vergessen ihre Selbstfürsorge oder wissen sogar noch zu wenig darüber, wie sie sich um sich selbst kümmern können.

Durch das viele Hilfreich-Sein für andere hoffen sie insgeheim, mit anderen in eine tragfähige Beziehung zu kommen.

Die Beschreibung Retter-Rolle wird manchmal **missverstanden.** Es geht nicht darum, nicht mehr hilfsbereit zu sein. Es geht darum, **angemessen Hilfe** zu leisten. Zum Beispiel dann, wenn man gefragt wird, in echten Notsituationen oder weil man jemandem eine Freude machen will, ohne dessen Fähigkeiten zur Selbsthilfe abzuwerten oder/und ohne den Versuch, sich selbst aufwerten zu wollen beziehungsweise eine Sehnsucht zu stillen.

Wer nur aus einem inneren Druck heraus hilft, könnte diesen beispielsweise mit TA-Methoden reduzieren (S. 72).

2. DIE VERFOLGER-ROLLE

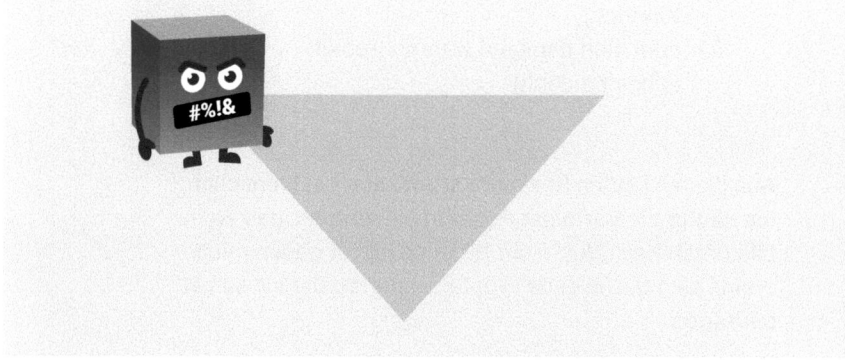

Menschen in dieser Rolle sind zunächst mit scheinbar hoher Selbstsicherheit ausgestattet. Man erhält den Eindruck, sie wüssten, wie „der Hase läuft".

Tatsächlich besetzen tendenziell eher tatkräftige Personen diese Rolle, die andere dann später für deren Untätigkeit kritisieren. Damit werten sie andere in ihren Fähigkeiten und manchmal auch sogar in ihrer Person ab. Beispielsweise mit Sätzen wie:

▸ „Du bist zu nichts zu gebrauchen."
▸ „Wie kann man nur so blöd sein."
▸ „Sowas muss man doch sehen!"

Das Verhaltensrepertoire reicht von *Vorwürfen, Kritik*[31], Verurteilen, Fingerzeig auf andere, Dominieren, grenzüberschreitendem Verhalten, ins Wort fallen bis zum Zeigen von Dominanzgesten oder anderen Aggressionen.

Wenn jemand die Verfolger-Rolle besetzt, nehmen diese Personen meist den **kritischen Eltern-Ich-Zustand** ein.

Mit ihren Transaktionen laden sie andere zu kindlichen Reaktionen ein. Es kann gut sein, dass diese sich dann wie ein Kind behandelt fühlen und auch so reagieren. Es wird wahrscheinlicher,

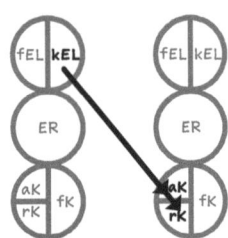

1. dass sie sich fügen (angepasstes Kind-Ich)
2. oder sich dagegen wehren (rebellisches Kind-Ich).

Aus diesen beiden Reaktionsarten kann bei Menschen, die häufig die Verfolger Position einnehmen, das Weltbild entstehen: „Wer nicht für mich ist, ist gegen mich." – eine selbsterfüllende Prophezeiung, zu der sie selbst beitragen.

Ein **Vorteil** dieser Position besteht darin, dass man sich seinem Gegenüber **überlegen** fühlen kann. Das macht es einfach, mit dem Finger auf andere zu zeigen. Menschen, die häufig die Verfolger-Rolle einnehmen, stellen sich seltener infrage.

Allerdings birgt diese Rolle auch **Nachteile.** Wer anderen mit einer Haltung von Überlegenheit begegnet, kommt nicht auf Augenhöhe. Das erschwert die Erfahrung echter Nähe. „Verfolger" können sich schlecht einlassen und fühlen sich in ruhigen Momenten isoliert und einsam.

3. DIE OPFER-ROLLE

Das passende Gegenstück zur Retter- und Verfolger-Rolle ist eine Person, die sich **als Opfer inszeniert.**

Das passiert meist aus einem **unbewussten Selbstbild** heraus, an das die jeweiligen Personen tatsächlich glauben:

- ▸ „Ich kann das nicht."
- ▸ „Wenn ich das versuche, geht das bestimmt schief."
- ▸ „Alle werden mich auslachen, deswegen unternehme ich lieber nichts."

Schamgefühle und **Ängste** halten Menschen, die die Opfer-Rolle besetzen, oft fest auf dieser Position.

Sie folgen dem **Irrglauben,** dass andere viel selbstsicherer seien und keinen Unsicherheitsgefühlen ausgesetzt wären.

Unsicherheiten sehen sie als Grund, keine Entscheidungen zu treffen, nichts zu tun oder sich von anderen sagen zu lassen, was sie machen sollen. So können sie sich **vor Verantwortung schützen** und in **kindlichen Zuständen** bleiben.

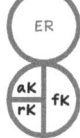

Sie geben sich **schwach und *hilflos*.**[32] Sie schauen unsicher umher, bleiben untätig oder vollführen Gesten der Verzweiflung. Dadurch hoffen sie auf Mitleid anderer, auf Fürsorglichkeit der Retter oder sogar darauf, dass sie in ihrem Selbstbild durch eine Person in der Verfolger-Rolle bestätigt werden: „Du bist zu ungeschickt dafür!"

Doch auch Menschen in der Opfer-Rolle genießen **Vorteile.** Sie können sich im Ernstfall der persönlichen **Verantwortung entziehen:** „Ich habe das nur gemacht, weil meine Kollegin es gesagt hat."

Sie können sich durch „Dummstellen" um **Arbeiten drücken.** Andere erledigen dann die Aufgaben.

Sie müssen sich **nicht mit sich selbst konfrontieren,** was wahrscheinlich unangenehme Gefühle auslösen würde. So **können sie so bleiben wie sie sind,** ohne Risiken einzugehen.

Mit ihren Transaktionen laden sie andere zu elterlichen Reaktionen ein. Zum Beispiel Menschen,

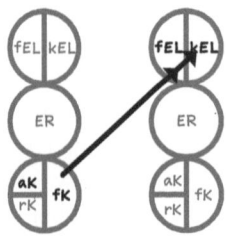

1. die ihnen helfen (fürsorgliches Eltern-Ich)
2. oder sie kritisieren (kritisches Eltern-Ich).

Menschen in der Opfer-Rolle kann man gut daran erkennen, dass sie sich *mehr beklagen als nach Lösungen zu suchen*[33].

Die Opfer-Rolle hat jedoch auch **Nachteile.** Menschen, die diese Position häufig besetzen, packen selten ihre Träume an. Sie nehmen eher an Geschichten anderer teil, statt eigene zu schreiben.

Es kann zum **Bereuen** kommen, wenn sie sich mit der Frage konfrontiert sehen: „Wie war mein Leben?"

DYNAMIK DES DRAMA-DREIECKS

Die Abläufe im Drama-Dreieck sind *musterhaft*[34]. Das bedeutet, dass sie immer wieder auf die gleiche Weise vonstattengehen.

Unterschiedliche Situationen und unterschiedliche Mitspieler lassen schnell den **Eindruck** von stets **einzigartigen Momenten** entstehen.

Dieser Schein **trügt.**

Jeder **Retter und Verfolger benötigt ein Opfer.** Sonst würde das Drama-Dreieck nicht funktionieren.

Die Einnahme der Rollen fühlt sich am Beginn zunächst **vertraut und gewohnt** an.

Zunächst werden die Ausgangspositionen **eine Weile besetzt** gehalten. Das kann nur ein paar Momente dauern. Die Ausgangspositionen können jedoch auch über Jahre besetzt bleiben.

Sie sind sogar **begleitet von positiven Gefühlen.** Menschen in der Retter- und Verfolger-Rolle können sich hilfreich und überlegen fühlen. Opfer bekommen viel Aufmerksamkeit. Das macht das **Drama-Dreieck zunächst attraktiv.**

Die Einnahme der jeweiligen Rollen geschieht entweder durch eine **Triggersituation:**

- ‣ Retter: Es gibt etwas zu helfen.
- ‣ Verfolger: Es gibt etwas zu kritisieren.
- ‣ Opfer: Es gibt eine Herausforderung, der ich mich nicht stellen möchte/kann.

Oder aber du erhältst eine **unbewusste Einladung** einer anderen Person, die bereits eine Rolle im Dreieck eingenommen hat. Deine Rolle und die Einladung dazu können dann so aussehen:

▸ Einladung in die Retter-Rolle: Dein Gegenüber schaut ratlos und unternimmt nichts.
▸ Einladung in die Verfolger-Rolle: Dein Gegenüber stellt sich ungeschickt an.
▸ Einladung in die Opfer-Rolle: Dein Gegenüber fängt an, dir Ratschläge zu erteilen oder dich zu kritisieren.

Mit hoher Wahrscheinlichkeit steuert man bei diesen Rollen jedoch auf einen **Rollenwechsel** zu, der dann **unangenehme Folgen** für alle Beteiligten hat.

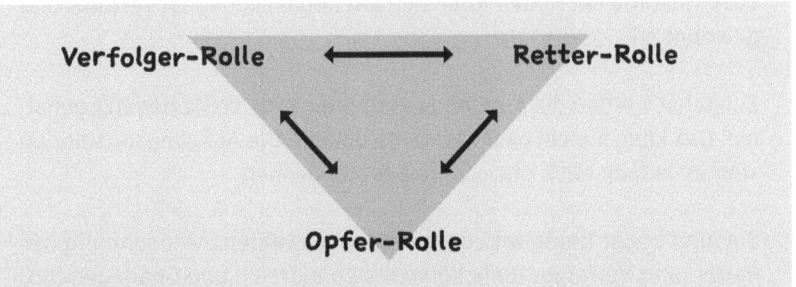

Auslöser für den Rollenwechsel könnten das „Reißen eines Geduldsfadens" sein oder auch ein spezielles Ereignis: Ein Umzug, ein neuer Job, der Tod eines Menschen, eine Erkenntnis im Coaching usw.

Der Rollenwechsel wird durch eine unstimmige Transaktion (S. 48) eingeleitet. Es **verändert sich plötzlich der ganze Tenor der bisherigen Kommunikation.** Für das Gegenüber ist oftmals nicht ersichtlich, was gerade passiert: „Hä? Was ist denn jetzt auf einmal?"

Die ehemals rettende Person könnte beispielsweise verfolgerisch werden und Vorwürfe machen: „Ich mache hier die ganze Arbeit und du weißt gar nichts davon zu schätzen!" Oder sie wechselt zur Opfer-Position: „Egal, was ich tue, ich bekomme einfach keinen Dank dafür."

Menschen in der Verfolger-Rolle könnten zur Opferrolle wechseln: "Keiner versteht mich hier …" Oder sie wechseln genervt zur Retter-Rolle: "Dann übernehme ich halt die Aufgabe!"

Ein häufiger Rollenwechsel vollzieht sich von der Opfer-Rolle zur Verfolger-Rolle: „Auch wenn ich nichts gesagt habe … Du weißt genau, dass ich dich gebraucht hätte!"

Der Rollenwechsel muss nicht von allen Beteiligten vollzogen werden. Es reicht mitunter, dass eine Person ihre Rolle wechselt. Beispielsweise eine Person von der Retter-Rolle zur Verfolger-Rolle, während die andere Person in der Opfer-Position verbleibt: "Ich mache hier alles und dir ist es egal!"

Dem Rollenwechsel folgt eine **negative Konsequenz** für die Beziehung. Das kann ein kleiner Knacks sein, das kann aber auch einen großen Scherbenhaufen bedeuten. Dann ist das passiert, wofür das Drama-Dreieck bekannt ist: **Alle Beteiligten verlieren.**

AUSSTIEG AUS DEM DRAMA-DREIECK

Jeder Mensch hat eine situative **Anfälligkeit für eine der Rollen.** Dir das einzugestehen, ist schon einmal viel wert. Es kann hilfreich sein zu wissen, um welche Anfälligkeiten es sich bei dir selbst handelt. Denn erst mit Bewusstsein für deinen schwachen Punkt kannst du erkennen, wann andere dich triggern. Denn damit kannst du beobachten und dir immer **bewusster werden,** wie die Dynamik des Drama-Dreiecks vonstatten geht.

Du kannst dir zusätzlich darüber bewusst werden, dass kaum jemand bewusst mit böser Absicht im Drama-Dreieck handelt. Ein essenzieller Teil dessen, was im Drama-Dreieck geschieht, läuft **unbewusst** ab.

Oftmals sind die Positionen und die Rollenwechsel im Drama-Dreieck lange eingeübt. Das bedeutet, dass ein Ausstieg dich auch **verunsichern** könnte.

Deswegen empfehle ich, zunächst **spielerisch zu experimentieren. Suche dir eine Situation, die dir immer wieder passiert.**

Zum **Beispiel,** wenn ein Kollege dich immer mal wieder bittet, eine Aufgabe zu übernehmen und dann pünktlich nach Hause geht, während du „Überstunden schiebst".

Ein Ausstieg aus den Positionen gelingt meistens einfacher bei Menschen, die dir **nicht so nahe stehen:** bei Kollegen aus einer anderen Abteilung oder bei Menschen, die du noch nicht so lange kennst.

Vor allem bei langjährigen und engen Beziehungen ist ein Ausstieg mitunter gar nicht so einfach. Es kann zu heftigen Konflikten kommen. Die **Austragung ist jedoch manchmal notwendig,** um sich die gewünschte Autonomie zu verschaffen. Es besteht zudem die Chance, sich neu zu begegnen und angenehmer miteinander auszukommen. Manchmal ist es leider auch notwendig zunächst auf Distanz zu gehen oder sogar eine Beziehung zu beenden.

Der Ausstieg aus allen Rollen erfordert immer Mut.

Ausstieg aus der Retter-Rolle

Personen in der Retter-Rolle könnten schauen, welche Gefühle aufkommen, wenn sie einmal nicht helfen. Oftmals fühlen sie sich nutzlos. Ihr Wohlgefühl (Eigenwert) ist an „hilfreich sein" geknüpft.

Du kannst beobachten, ob du es vielleicht eine Weile aushältst, dich nutzlos zu fühlen und gleichzeitig nach Beweisen dafür suchst, dass du trotzdem trotzdem eine wertvolle Person bist. Man muss nicht immer „Gewehr bei Fuß" stehen. Hier ein paar konkrete Tipps:

▸ Hilf nicht, ohne gefragt zu werden – es sei denn, es handelt sich um einen Notfall.
▸ *„Tue nichts, was du nicht wirklich tun willst.*[35]*"*
▸ Tue nichts, was die andere Person ebenfalls jetzt gerade tun könnte.
▸ Wenn du helfen möchtest, frage vorher um Erlaubnis.

Ausstieg aus der Verfolger-Rolle

Personen in der Verfolger-Rolle **benötigen Demut** um anzuerkennen, dass es auch andere Entwürfe gibt als die ihrigen.

Menschen, die häufig in dieser Rolle agieren, haben eine **geringere Motivation sich zu ändern**. Sie suchen durch ihre Haltung die Fehler eher bei anderen.

Ihre **Reflexionsfähigkeit** benötigt mehr Entwicklung. Zum Beispiel durch die Frage: „Was ist mein Beitrag zu dieser Situation?" Hier ein paar konkrete Tipps:

▸ Trainiere Demut, indem du dich fragst: „In welcher Situation würde ich genauso handeln, wie mein Gegenüber es gerade tut?"
▸ Halte deine gedanklichen Be- und Verurteilungen zurück und suche nach guten Gründen, warum sich andere in einer bestimmten Weise verhalten[36].

Ausstieg aus der Opfer-Rolle

Für Menschen, die die Opfer-Rolle besetzen, könnte es wichtig sein, sich **etwas zu trauen**. Halte deine Unsicherheiten einmal aus und gehe ein kleines Risiko ein. Zum Beispiel, indem du darauf bestehst, in ein bestimmtes Restaurant zum Mittagessen zu gehen. Auch auf die Gefahr hin, dass du dann vielleicht allein isst. Hier ein paar konkrete Tipps:

▸ Frage dich selbst: „Wie würde mein Vorbild in der jeweiligen Situation handeln?" Dann mache es genauso.
▸ Komm in die Tat. Erlaube dir Fehltritte. Erlaube dir Unsicherheiten und Ängste.
▸ Werde dir des Risikos der Risikolosigkeit bewusst: Welche langfristigen Folgen könnte es haben, untätig zu bleiben?

ÜBUNG

———

Benenne eine typische Situation, in der du immer mal wieder ins Drama-Dreieck gerätst.

....

....

Für welche Rolle der drei Rollen bist du anfällig?

....

....

Welches konkrete Verhalten zeigst du in dieser Rolle?

....

....

Zu welcher Rolle lädst du andere damit ein?

....

....

Wie verhalten sich die anderen, wenn sie die Rolle besetzen, zu der du sie einlädst?

....

....

Durch welches beobachtbare Verhalten schaffen es andere, dass du zu deiner Rolle getriggert wirst?

....

....

Beispiellösungen findest du online – siehe TAplus.de/ta-buch

AUSBLICK

Mit diesem Kapitel hast du einen Überblick über das Drama-Dreieck und seine Bedeutung für deine Beziehungen erhalten. Es gibt noch weit mehr zu erfahren. Zum Beispiel gibt es noch viele weitere Ausstiegsmöglichkeiten.

Interessant ist auch zu erkunden, mit welchen Mitteln andere dich zum Einnehmen einer Rolle im Dreieck einladen oder gar nötigen und was du dagegen unternehmen kannst. Denn ein gewichtiger Faktor ist auch die Rollenintensität – also wie stark das Verhalten einer Person von einer Rolle geprägt wird.

Die Auseinandersetzung mit dem Drama-Dreieck hat das Potenzial, deine Beziehungen von Grund auf zu verbessern.

3.5 WEITERE TA-KONZEPTE IM ÜBERBLICK

Die Transaktionsanalyse umfasst eine **Vielzahl an Konzepten.** Das liegt daran, dass in der Anfangsphase der TA jede/jeder ein Konzept beitragen musste, um sich Transaktionsanalytiker*in zu nennen.

Bis zum heutigen Tage werden immer wieder **neue Konzepte vorgestellt** und **bestehende weiterentwickelt.** Du kennst bereits das Autonomiekonzept, die Ich-Zustände, die Transaktionen und das Drama-Dreieck.

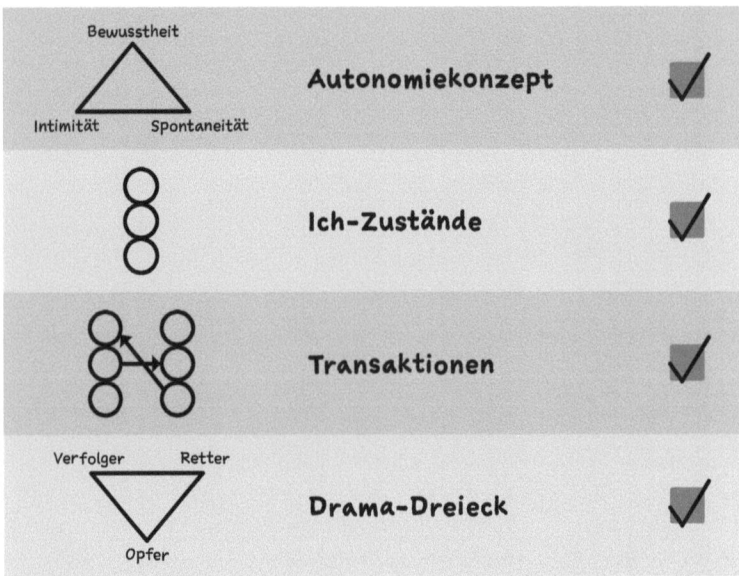

Jetzt erhältst du einen **Überblick über weitere Konzepte** in Form von Steckbriefen zum Stöbern. Sie sollen dir eine Idee von der Vielfalt transaktionsanalytischer Perspektiven geben:

STECKBRIEF: I. PSYCHOL. GRUNDBEDÜRFNISSE

Eric Berne entwickelte das Konzept der psychologischen Grundbedürfnisse. Ein Grundbedürfnis nennt er **Reiz-Hunger** (Stimulations-Hunger). Ein zweites heißt **Hunger nach Anerkennung** und ein drittes **Struktur-Hunger** (Bedürfnis nach Orientierung). Hunger nennt er sie deshalb, weil sie für ihn gleichbedeutend mit den existentiellen körperlichen *Bedürfnissen nach Nahrung sind.*[k]

Zum Konzept:

Werden die psychologischen Bedürfnisse unzureichend oder über Umwege (Manipulationen) befriedigt, sind **Dysbalancen** zu erwarten. Diese Dysbalancen sind meist mit unbefriedigenden Gefühlen verbunden.

Beispiele:

▸ Reiz-Hunger: Eine Angestellte ist mit einer eintönigen und langweiligen Aufgabe betraut. Zunehmend steigt ihr Bedürfnis nach Abwechslung (Stimulation).

▸ Hunger nach Zugehörigkeit und Anerkennung: Ein Projektleiter bereitet einen Vortrag noch akribischer vor, als er erfährt, dass die Vorstandsvorsitzende beim Meeting anwesend sein wird. Er will zeigen, was er kann (Anerkennung).

▸ Hunger nach Struktur und Orientierung: Jemand kommt in ein neues Team und ist sehr darum bemüht zu verstehen, wie dieses funktioniert. Wer hat was zu sagen? Woher bekomme ich Hilfe? Wie verhalten sich die anderen? Die Antworten darauf geben Struktur und Halt (Orientierung).

Fokus des Konzepts:

Wissen über fundamentale psychologische Bedürfnisse, und wie wir sie uns auf **angemessene** und direkte Weise erfüllen können. Balance zwischen den verschiedenen Arten der „Hunger" zu finden.

Dieses Konzept ist hilfreich für:

Wenn du deine Grundbedürfnisse erforschst und kennenlernst, kannst du eine Idee davon entwickeln, wie du sie am besten befriedigst. Du kannst **bewusst für Ausgleich und gute Balance sorgen.** Bei Entwicklungsprozessen (persönlichen sowie in Organisationen) kann es hilfreich sein, die Grundbedürfnisse im Auge zu behalten und gut für dich zu sorgen.

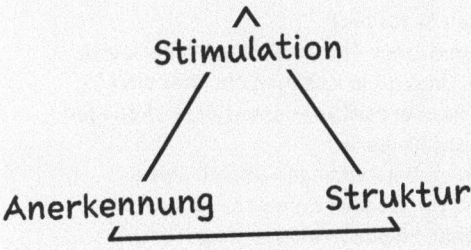

Aufmerksamkeit und Struktur stellen Sicherheitsbedürfnisse dar. Deswegen bilden sie die Basis des Dreiecks. Stimulation ist tendenziell mit Risiken verbunden. Auf diese Weise entstehen innere Zwiespälte: „Ich würde gern (Risiko/Stimulation), aber ich traue mich nicht, weil ich nicht weiß, was passiert (Sicherheit/Struktur).

STECKBRIEF:
2. BEZUGSRAHMEN

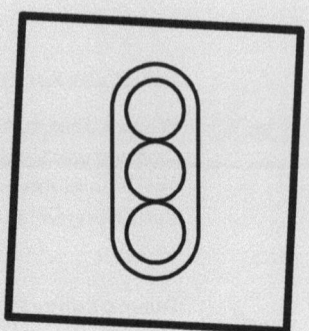

Dieses Konzept wurde 1975 von *Jacqui Lee Schiff* und ihren Mitarbeiter*innen in die TA eingeführt.[i] Der Bezugsrahmen ist das psychische Bezugssystem eines Menschen, das dem eigenen *Urteil zugrunde liegt*. Es ist der **individuelle Maßstab** eines Menschen, mit dem er *etwas als groß oder klein, nah oder fern, hässlich oder schön, gut oder böse usw.* beurteilt[m] und wie man Dinge zueinander gewichtet

Zum Konzept:

Zum Bezugsrahmen gehören:

▸ objektivierbare Informationen (Es befinden sich zwei Menschen im Raum.)
▸ falsche Informationen (Es wird fälschlicherweise angenommen, dass zwei Kollegen ein Paar sind.)
▸ persönliche Glaubenssätze (Lebensältere Kollegen wissen mehr als Jüngere.)
▸ deine Haltungen, Bewertungen und all deine Erfahrungen (Vor älteren Kollegen hat man per se mehr Respekt zu haben als vor jüngeren.)

Beim Bezugsrahmenkonzept geht es darum herauszufinden, auf welche Maßstäbe wir uns beim Bewerten beziehen und wie wir sie zueinander gewichten.

Beispiel für unterschiedliche Bezugsrahmen:

Zwei Personen unterhalten sich über ein Bild:

▸ Person 1: „Ich finde das schön."
▸ Person 2: „Ich finde es langweilig. Was daran findest du schön?"
▸ Person 1: „Ich mag die Ästhetik der Formen."
▸ Person 2: „Interessant, genau das finde ich langweilig."

Fokus des Konzepts:

Bewusstwerden und verändern eigener Maßstäbe und Gewichtungen sowie Erkunden dieser bei anderen Menschen.

Dieses Konzept ist hilfreich für:

1. **Hinterfragen** der eigenen Urteilsbildung: „An welchem Maßstab machst du ein Urteil fest? Welche anderen sinnvollen Maßstäbe könnten noch angelegt werden? Passt die Gewichtung?" (Beispiel: „Die Höhe des Einkommens bestimmt den beruflichen Erfolg!" Ein anderer sinnvoller Erfolgs-maßstab könnte an die Auswirkungen der eigenen Arbeit für die Gesellschaft angelegt werden: „Trägt ein finanziell erfolgreicher Nahrungsmittel-spekulant an der Börse zu einer besseren Welt bei?")

2. Den Bezugsrahmen zu erfragen, lässt dich besser verstehen, wie jemand zu einem Urteil gelangt ist. Das kann es erleichtern, die Lebenswirklichkeit anderer besser nachzuvollziehen.

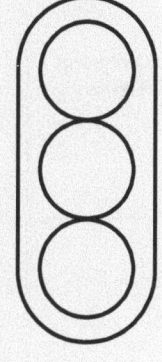

Der Rahmen (Bezugsrahmen) um die drei Ich-Zustände soll darauf hinweisen, dass Menschen sich in ihrem Selbsterleben trotz Ich-Zustandswechseln als Einheit erleben.

STECKBRIEF:
3. PSYCHOL. SPIELE

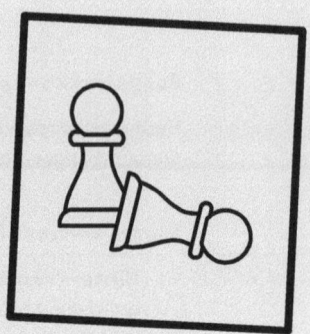

Die „Psychologischen Spiele" von Eric Berne
geben Aufschluss über bestimmte **unbewusste Muster des Miteinanders,** die zu
Verstrickungen und Beziehungsproblemen
führen. Ein psychologisches Spiel lässt sich
*beschreiben als eine periodisch wieder-
kehrende Folge sich häufig wiederholender Transaktionen, äußerlich
scheinbar plausibel, dabei aber von verborgenen Motiven beherrscht.*[n]

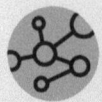 **Zum Konzept:**

Psychologische Spiele folgen einer Struktur mit einer sich wieder-
holenden Abfolge. Spieler*in I – Angler, Spieler*in 2 – Fisch:

I. ein/e Spieler*in legt Köder mit Haken	2. Interesse und Einhaken vom anderen Spielenden	3. beide Spieler reagieren aufeinander wie erwartet (Serie von parallelen Transaktionen). Austausch von Aufmerksamkeit (Fisch hat Köder, Angler freut sich über Anbiss)
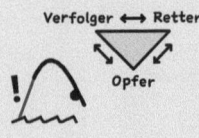		
4. Rollenwechsel der Spielenden im Drama-Dreieck (S. 69) – eine oder mehrere Rollen wechseln	5. Moment des: „Was ist jetzt auf einmal los?" (S. 70)	6. schmerzhafte Auszahlung[o] für beide Spielende

Beispiel:

1. Herr Angler verhält sich bei ihm übertragenen Aufgaben häufig **ungeschickt** (Köder auslegen).

2. Sein Kollege Herr Plötze lächelt großmütig, nimmt jedoch seinen Verdruss darüber **nicht ernst genug und schluckt ihn herunter** (Einhaken).

3. In der darauffolgenden Zeit häufen sich die Ungeschicklichkeiten (Serie von **parallelen Transaktionen**). Herr Plötze sieht weiter großzügig darüber hinweg. Der eine (Herr Angler) kann seinen kindlichen Aggressionen freien Lauf lassen, während sich der andere (Herr Plötze) großmütig fühlen kann.

4. Eines Tages erlaubt sich Herr Angler eine Ungeschicklichkeit zu viel. Es reicht Herrn Plötze (**Wechsel** einer oder mehrerer Positionen im Drama-Dreieck). Er wechselt unbewusst von der Retter-Rolle zur Verfolger-Rolle im Drama-Dreieck (S. 69).

5. Herr Plötze zeigt seinen Ärger darüber und wirft Herrn Angler auch die vergangenen Ungeschicklichkeiten vor. Herr Angler ist verwundert über diese Reaktion (**„Was ist denn jetzt auf einmal los?"**). Er war doch sonst immer entspannt damit?

6. Beide erhalten ihre Quittung in Form **unangenehmer Gefühle** (schmerzhafte Auszahlung).

Fokus des Konzepts:
Verdeckte schädliche Kommunikationsmuster und deren Auswirkungen.

Dieses Konzept ist hilfreich für:

1. Erkennen von Manipulationen.

2. Unterbrechen von selbsterfüllenden Prophezeiungen.

3. Ausstieg aus- und Verhindern von Beziehungsdramen.

> Psychologische Spiele enden immer mit **mindestens** unangenehmen Gefühlen für alle Beteiligten.

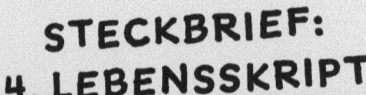

STECKBRIEF:
4. LEBENSSKRIPT

Als Kind bist du zwingend darauf angewiesen, dich in der Welt zurechtzufinden. **Du entwirfst unbewusst eine Idee** (eine Erzählung) von dir, den anderen Menschen und der Welt. Darüber hinaus entwirfst du eine Geschichte, **wie dein Leben verlaufen wird.** Dieses Phänomen wird als Lebensskript bezeichnet.

„Beim Skript handelt es sich um ein kontinuierliches (fortlaufendes) Programm, das in der Kindheit unter elterlichem Einfluß entwickelt wird und das das Verhalten eines Individuums in den wichtigsten Aspekten seines Lebens bestimmt. "[9]

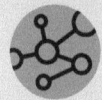

Zum Konzept:

Das Skript ist ein großes Konzept mit vielen Unterkonzepten, beispielsweise den Lebensgrundpositionen (S. 86) und den inneren Antreibern (S. 88).

Beispiel:

André hat einen fünf Jahre älteren Bruder. Als sie Kinder waren, konnte dieser aufgrund seines höheren Alters viele Sachen besser.

Mit vier Jahren entwickelt André aus einer kindlichen Logik heraus den Glauben, dass er weniger intelligent sei als sein Bruder und somit auch als andere.

André

Deswegen traut er sich künftig weniger zu. Als Erwachsener wird André in einem Coaching dieser kindliche Irrtum bewusst. Er fängt an, mehr zu experimentieren und sich mehr zuzutrauen.

Fokus des Konzepts:

Bewusstwerden und Hinterfragen von Lebensentscheidungen, die in der Kindheit getroffen wurden.

Dieses Konzept ist hilfreich für:

1. *Positive Beeinflussung des Lebensplans.* (P)

2. Neutralisieren schädlicher Bestandteile des Skripts.

3. Es bietet nachvollziehbare, nicht pathologisierende Erklärungen für „ungesunde" Sicht- und Verhaltensweisen.

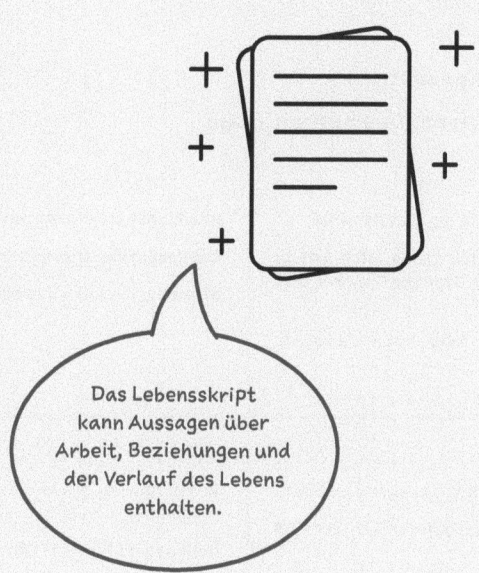

Das Lebensskript kann Aussagen über Arbeit, Beziehungen und den Verlauf des Lebens enthalten.

STECKBRIEF:
4.1 GRUNDPOSITIONEN

$+/+$

Die Lebensgrundpositionen geben Auskunft darüber, ob sich Menschen im **Allgemeinen** und in **bestimmten Situationen** als in Ordnung oder nicht in Ordnung betrachten. Die Lebensgrundpositionen werden als Unterkonzept des Lebensskript-Modells eingeordnet. Allerdings werden sie auch häufig unabhängig davon verwendet. Entwickelt wurden sie von *Franklin H. Ernst.*[r]

Man kann sie beschreiben als die *„Gesamtheit der grundlegenden Überzeugungen, die jemand über sich selbst und die anderen Menschen gewinnt und dann benutzt, um Entscheidungen und Verhalten zu rechtfertigen."*[s]

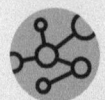

Zum Konzept:

Es besteht aus vier Positionen:

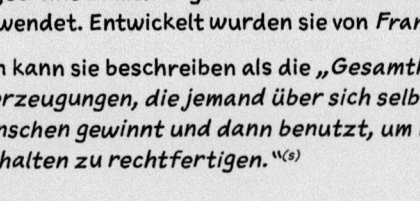

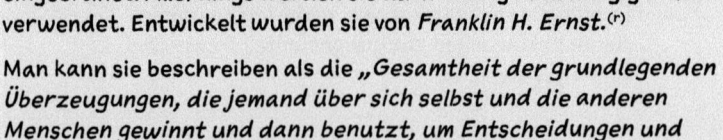

Ich ok

Position: Ich bin okay, du bist okay

Lebensgefühl: Ich fühle mich gut in meiner Haut und begegne anderen auf Augenhöhe.

Situativ: Was ich kann, kannst du auch.

Position: Ich bin okay, du bist nicht okay

Lebensgefühl: Die Welt ist voller Idioten.

Situativ: Ich kann das besser.

Andere ok $\quad +/+ \quad +/-$ Andere nicht ok

$-/+ \quad -/-$

Position: Ich bin nicht okay, du bist okay

Lebensgefühl: Ich bin weniger wert als andere.

Situativ: Die anderen können das besser.

Position: Ich bin nicht okay, du bist nicht okay

Lebensgefühl: Alles ist hoffnungslos.

Situativ: Es hat keinen Sinn.

Ich nicht ok

Beispiel für situative Lebensgrundpositionen:

Ein vierköpfiges Team bekommt ein neues Projekt zugewiesen. Jedes Mitglied nimmt eine andere Lebensgrundposition ein:

1. Ich ok/Du ok: „Ich freue mich auf die gemeinsame Arbeit!"

2. Ich ok/Du nicht ok: „Das Projekt würde eher fertig werden, würde ich es allein machen."

3. Ich nicht ok/Du ok: „Ohje, was wenn ich den Anforderungen nicht gerecht werde?"

4. Ich nicht ok/Du nicht ok: „Es ist doch alles Zeitverschwendung, was wir hier treiben."

Fokus des Konzepts:

Einstellungen zu dir und zu anderen generell und in konkreten Situationen.

Dieses Konzept ist hilfreich für:

▸ Analyse und Veränderung von hinderlichen Einstellungen.

▸ Bewusster Umgang mit den Lebensgrundpositionen bei dir und mit denen von anderen.

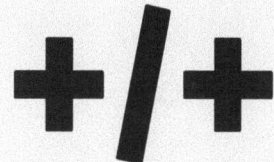

Die Lebensgrundpositionen beziehen sich einerseits auf den grundsätzlichen Tenor eines Menschen und können sich andererseits situativ verändern.

STECKBRIEF:
4.2 INNERE ANTREIBER

Innere Antreiber sind verinnerlichte Befehle. Du kannst sie verstehen als *„ ... erzieherisch gemeinte elterliche Aufforderungen (Anweisungen), die einem Kind bestimmte Verhaltensweisen vorschreiben, die es zu erfüllen trachtet, in seine innere Elternperson und in sein Skript übernimmt.“*[w]

Taibi Kahler schrieb als erstes über sie. Sie sind *„Energieräuber“*[x] und *„Stressverursacher“*[y]. Die Antreiber sind Bestandteil des Skript-Konzepts, werden jedoch oft unabhängig davon verwendet.

Zum Konzept:

Es werden fünf Antreiber benannt:

1. Sei (immer) perfekt!

2. Sei (immer) stark!

3. Mach's (immer) allen recht!

4. Streng dich (immer) an!

5. Beeil dich (immer)![t]

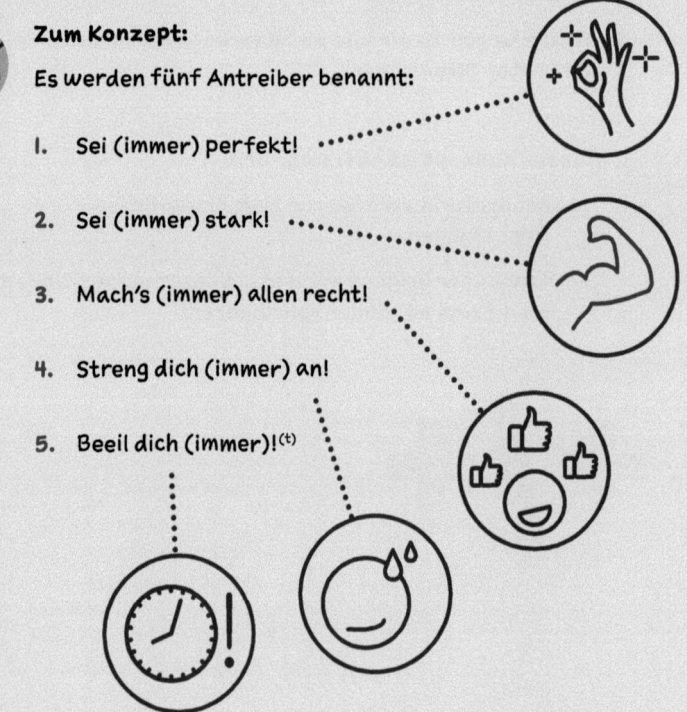

Ankerungstiefen:

Die Antreiber können verschiedene Ankerungstiefen[u] haben

1. *zeitweilige Angewohnheit* in bestimmten Situationen

2. *durchgehende, leichte Tönung des Verhaltens*

3. *Stressnotprogramm,* auch bei kleinen Anforderungen

4. *durchgängig im Verhalten vorhanden* als Ausgleich zu einem tiefer sitzenden Thema

5. Antreiber als *deutlicher und tief verankerter* Bestandteil der eigenen Identität[v]

Fokus des Konzepts:

Energieraubende und Stress erzeugende Verhaltensweisen.

Dieses Konzept ist hilfreich für:

1. Erkennen und Bearbeiten eigener Stressmuster sowie der Umgang mit ihnen.

2. Aufdecken von tieferliegenden Lebensskript-Themen.

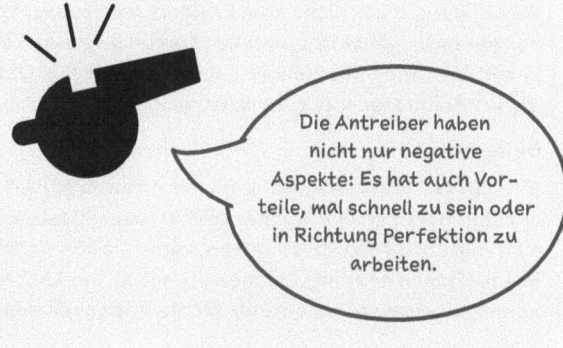

Die Antreiber haben nicht nur negative Aspekte: Es hat auch Vorteile, mal schnell zu sein oder in Richtung Perfektion zu arbeiten.

STECKBRIEF:
5. GEFÜHLE

Dieses Konzept beschreibt, welche **Funktionen Gefühle** haben, wie durch erlebte Gefühlsverbote **Ersatzgefühle** und wie durch das Aufstauen von Gefühlen Beziehungsschäden entstehen können. Außerdem zeigt es dir, wie wir es unbewusst anstellen, uns mies zu fühlen und wie wir eingefahrene Gefühlsmuster in eine für uns förderliche Richtung lenken können.

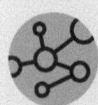

Zum Konzept: Gefühle liefern uns Handlungsenergie. Funktionen der *Grundgefühle*:

▸ Trauer: Bewältigung/Verarbeitung von **Vergangenem,** dass nicht mehr änderbar ist

▸ Ärger: Gestaltung von **Gegenwärtigem** (Grenzen setzen, Positionieren)

▸ Freude: Keine Änderungen notwendig in der **Gegenwart**

▸ Angst: Vorbereitung oder Vermeidung von **Zukünftigem** [z]

ERSATZGEFÜHLE

Grundgefühle werden manchmal mit *Ersatzgefühlen* [aa] belegt. Ein Ersatzgefühl erkennt man daran, dass der Gefühlsausdruck nicht zum Ereignis passt. Ersatzgefühle bergen im Gegensatz zu echten Gefühlen **keine Lösungskraft.** Der Song „Die Immer Lacht" von Kerstin Ott bringt dieses Phänomen gut zum Ausdruck.

Beispiel

Eine junge Frau wurde als Kind mit ihren Ärgergefühlen nicht ernst genommen. Sie hat daraufhin unbewusst entschieden, sich nur noch fröhlich zu geben. Wenn sie von persönlichen Misserfolgen erzählt, tut sie dies mit einem Lachen. Man könnte denken, es scheint ihr nichts auszumachen.

MASCHEN UND MASCHENGEFÜHLE

Eine Masche ist ein unbewusstes Verhalten, das zu einem **unangenehmen, jedoch vertrauten Gefühl** (Maschengefühl) führt, um sich die eigene Wirklichkeit zu bestätigen.[ab]

Beispiel

Eine Kollegin hat eine Idee, die etwas ungewöhnlich ist. Um (unbewusst) einen Grund zu finden, sich frustriert (Maschengefühl) zu fühlen, fragt sie einen sehr konservativen (Masche) Kollegen nach seinem Feedback. Seine Rückmeldung frustriert sie, wie erwartet.

RABATTMARKEN

Beschreibt das Anstauen („Sammeln") von Gefühlen, bis „ein Tropfen das Fass zum Überlaufen bringt". Die Gefühlsentladung wird von Außenstehenden als unverhältnismäßig wahrgenommen und hinterlässt Beziehungsschäden.[ac]

Beispiel

Ein Kollege verlässt das gemeinsame Büro häufig unaufgeräumt. Um die kollegiale Beziehung nicht zu gefährden, schluckt seine Kollegin ihren Ärger herunter und schafft immer wieder Ordnung. Eines Tages reicht es ihr. Sie lässt ihren über Monate angestauten Ärger schlagartig ab.

Fokus des Konzepts:

Funktion von **Gefühlen verstehen**, (Ersatz-)Gefühle erkennen und Zugang zu darunter liegenden Gefühlen erhalten.

Dieses Konzept ist hilfreich für:

1. Lernen eines sinnvollen Umgangs mit Gefühlen.
2. Entwicklung von mehr Zufriedenheits- und Glücksgefühlen.
3. Aufgeben von schädigenden Strategien.

> Um aus der Rabattmarkenfalle auszusteigen kann es sich lohnen, wenn du auch scheinbar unwichtige Störgefühle mit in die Kommunikation einfließen lässt.

STECKBRIEF: 6. STROKES

Das Stroke-Konzept zeigt, auf welche Arten wir uns Anerkennung und Stimulation holen. Es beschreibt und gibt Orientierung, *wie Aufmerksamkeit und Anerkennung verwendet werden*[ad] (können). Ein Stroke ist eine **Einheit von Aufmerksamkeit**[ae].

Stroke ist doppeldeutig und kann **Streicheln**, aber auch **Schlag** bedeuten, was beabsichtigt ist. Denn bei beidem handelt es sich um unterschiedliche Formen von Anerkennung.

Als Stroke kann jede *„<Aktion> [...], mit der eine Anerkennung der Gegenwart des anderen verbunden ist"*[af], bezeichnet werden.

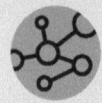

Zum Konzept:

Jeder Mensch hat Anerkennungsgewohnheiten, die uns nur bestimmte Arten von Anerkennung aufnehmen lassen. Manche Menschen suchen geradezu nach negativer Aufmerksamkeit. Andere trauen sich nicht aufzufallen und leiden unter Aufmerksamkeitsmangel. Das kann als Folge unserer Erziehung und unserer Erlebnisse betrachtet werden. Ziel ist es, negative Strokes abzulehnen bzw. zu verarbeiten und Möglichkeiten zu entwickeln, an wohltuende Strokes zu gelangen.

Beispiel:

Du kannst anderen, aber auch dir selbst Strokes geben. Hier ein paar Möglichkeiten, die dir zur Verfügung stehen:

	negativ gemeint	positiv gemeint
verbal	„Diese Arbeit ist verbesserungsbedürftig!"	„Gut gemacht!"
nonverbal (sind mächtiger als verbale)	Augen verdrehen	anlächeln, auf die Schulter klopfen

Fokus des Konzepts:

Analyse und Veränderung von Anerkennungsmustern.

Dieses Konzept ist hilfreich für:

1. Entwicklung eines gesunden Anerkennungshaushalts.

2. Mehr positive Strokes durch Strokeerlaubnisse erhalten.

> Grundsätzlich gilt: Negative Aufmerksamkeit ist immer noch besser als keine Aufmerksamkeit. Dieses Prinzip kann u. a. Verhalten zum eigenen Nachteil mancher Mitmenschen erklären.

STECKBRIEF:
7. VERTRAGSKONZEPT

Das Konzept über **klare Absprachen in zwischenmenschlichen Beziehungen** wird in der TA Vertragskonzept genannt.

Zum Konzept:

Das Vertragskonzept folgt dem Prinzip: **Jeder gemeinsamen Tätigkeit liegt ein Vertrag zugrunde.** Es werden gemeinsam Eckpfeiler der Tätigkeit abgesprochen. Sinnvollerweise wird ein stimmiger Vertrag geschlossen, wenn die Beteiligten sich im Erwachsenen-Ich (S. 34) befinden.

In einen Vertrag kann auch einbezogen werden, was passiert, wenn sich jemand nicht an eine Absprache hält.

Beispiele für gelungene Vertragsarbeit:

Eine Vorgesetzte beauftragt eine Mitarbeiterin, einen Text zu verfassen. Die Mitarbeiterin weist darauf hin, dass sie gerade noch an einer anderen Aufgabe arbeitet. Es werden **gemeinsam** Inhalte, gegenseitige Erwartungen und Abgabezeiten geklärt. Unvorhergesehenes wird berichtet und daraufhin die Absprache angepasst. Jede weiß, was die andere tut. Die Arbeitsbeziehung ist klar.

Zwei Gründer besprechen, was zu tun ist. Durch die Kenntnis des Vertragskonzepts werden Rollen, Aufgaben, Verantwortlichkeiten, Machbarkeiten, Zeiten, gegenseitige Erwartungen und Motivationen besprochen. Beide Parteien erhalten ein **umfassendes Bild** des gemeinsamen Arbeitens.

Fokus des Konzepts:

Relevante Aspekte für Beziehungsklärung und gemeinsames Tun **vereinbaren,** beidseitige Verantwortung, klare Zielvereinbarungen

Dieses Konzept ist hilfreich für:

1. Tragfähige Absprachen treffen.

2. Missverständnisse reduzieren.

3. Verhältnisse zwischen Personen klären und gegenseitiges Verständnis fördern.

4. Bereichernde Veränderungen einleiten und Ziele erreichen.

5. Gegenseitige Erwartungen klären.

6. Wünschenswerten Umgang definieren.

7. Klarheit erzeugen.

Ein häufiger Irrtum besteht darin zu glauben, dass andere die gleichen Vorstellungen hätten wie du. Deswegen spreche ich (Steffen) auch scheinbar Selbstverständliches oftmals noch einmal ab.

STECKBRIEF:
8. PASSIVITÄT

Die Theorie der Passivität beschreibt, *wie und warum Menschen Dinge nicht oder nicht effektiv tun.*[ag] Eingebracht wurde das Konzept von **Jacqui Lee Schiff** und ihren Mitarbeitenden.

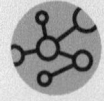
Zum Konzept:
Vier passive Verhaltensweisen

I. *Nichtstun trotz Stimuli, Problemen oder Möglichkeiten*

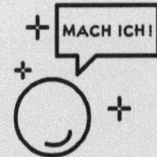

2. *Überanpassung: Anpassung an Ziele anderer ohne Bezug zu den eigenen Zielen*

3. *Agitation: Nicht-zielgerichtete Aktivität*

4. *Handlungsunfähigkeit und Gewalt*[ah]

Beispiel für passive Verhaltensweise des Nichtstuns:

Ein Kollege kommt zu spät zum Meeting. Die Kollegin sagt: „Ich bin sauer, weil du zu spät bist." Der Kollege schaut verunsichert, reagiert jedoch nicht. Während dieser Zeit fühlt sich der Kollege nicht wohl in seiner Haut. Die Kollegin verspürt durch die Wartezeit Impulse zu retten oder zu verfolgen (siehe Drama-Dreieck).

Beispiel für Überanpassung:

Der Vorgesetzte fordert mit Nachdruck: „Bis nächste Woche ist das fertig!" Mitarbeiter: „Ja, ich werde auch noch die anderen Aufgaben erledigt haben." Später ist aber nichts abgeschlossen.

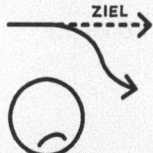

Beispiel für Agitation:

Statt das unklare neue Projekt anzugehen, werden E-Mails beantwortet.

Beispiele für Handlungsunfähigkeit/Gewalt gegen sich und andere:

Migräne, Nervenzusammenbruch, auf Geräte einschlagen

Zum Passivitätskonzept gehören weiterhin:

Abwertungen (Ich kann das nicht), **Grandiosität** (immer, total), **blockierende** und **tangentiale Transaktionen**, bei denen der eigentliche Fokus verschoben wird („Wie spät ist es?" „Ja, ich bin spät dran." Statt die Uhrzeit zu nennen, wird redefiniert und der Fokus auf die Verspätung verschoben), sowie die **Symbiose** (abhängige Beziehungen).

Fokus des Konzepts:

Unbewusste Denk-, Fühl- und Verhaltensmuster, um Erfolge/Lösungen/Vorankommen zu verhindern.

Dieses Konzept ist hilfreich für:

1. Analyse und Verstehen eigener Vermeidungsstrategien.

2. Passivitätsstrategien bei anderen erkennen und damit umgehen.

> Mir (Steffen) hilft es, wenn ich mir meiner eigenen passiven Verhaltensweisen bewusst werde. Dann kann ich mich besser für ein neues Verhalten entscheiden.

3.6 VERKNÜPFUNG VON KONZEPTEN

Ein wertvoller Nutzen der TA liegt darin, dass du viele der **Konzepte miteinander verknüpfen** kannst.

Denn ein und dasselbe Problem aus **unterschiedlichen Fokuspunkten** zu betrachten, kann dir helfen, neue Lösungen zu entwickeln. Das kann einen ganz ähnlichen Effekt haben wie das Verbinden mit Strichen bei „Punkt zu Punkt"-Bildern. Die Verknüpfung der einzelnen Punkte kann **Zusammenhänge erkennbar** machen und führt so zu einem umfassenderen Gesamtverständnis.

Jedes TA-Konzept hat einen **bestimmten Fokus.** Die Ich-Zustände beispielsweise zielen auf Persönlichkeitsanteile und wie diese zum Ausdruck gebracht werden. Die Transaktionen beleuchten Kommunikationsvorgänge.

Verknüpfen wir diese beiden Konzepte miteinander, kann der **Zusammenhang** deutlich werden zwischen unterschiedlichen Persönlichkeitsanteilen und wie sich diese auf die Kommunikation auswirken:

▶ Der Eltern-Ich-Zustand lädt andere **tendenziell** zu kindlichen Transaktionen ein.

▶ Ein Kind-Ich-Zustand lädt andere **tendenziell** zu elterlichen Transaktionen ein.

▶ Das Erwachsenen-Ich lädt andere **tendenziell** zu Erwachsenen-Ich Transaktionen ein.

▶ Ein spielerischer (freier) Kind-Ich-Zustand bietet anderen **tendenziell** die Möglichkeit, ebenfalls spielerisch zu reagieren.

Eine Person, die sich öfter im Eltern-Ich-Zustand befindet, wird schlechter an eine Person andocken können, die den Erwachsenen-Ich-Zustand bevorzugt. Die Transaktionen würden sich häufiger kreuzen, was Irritationen mit sich bringt und deshalb Anstrengung bedeutet.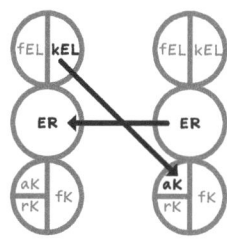

Menschen, die tendenziell häufig den angepassten oder rebellischen Kind-Ich-Zustand besetzen, werden ganz gut an eine Person ankoppeln können, die mit einem aktivierten Eltern-Ich-Zustand bereit steht und umgekehrt.

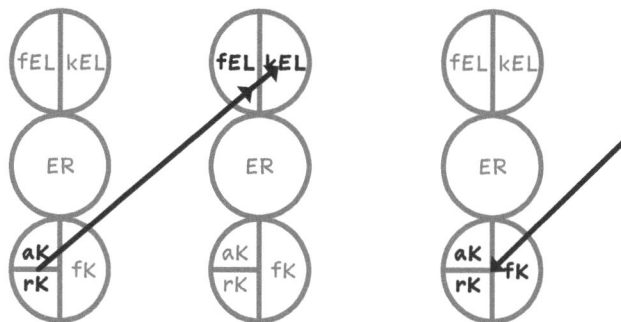

So kann teilweise erklärt werden, warum bestimmte Menschen zueinander zu passen scheinen, während sie mit anderen auf Distanz bleiben. Wir suchen uns Menschen, mit denen wir unsere gewohnten und bevorzugten Arten von Transaktionen ausleben können.

Die Kenntnis dieser Zusammenhänge lässt bis zu einem gewissen Grad Prognosen über zukünftige Ansichten und Handlungsweisen von Personen zu. Das kann dir helfen, dich adäquat darauf vorzubereiten.

Das Drama-Dreieck beispielsweise fokussiert einen bestimmten Beziehungsprozess. In dessen Beschreibung habe ich bereits die Verknüpfung der Ich-Zustände mit den Transaktionen mit einfließen lassen (S. 66, S. 76 und S. 69/70).

Auch die anderen TA-Konzepte sind dafür geeignet, dass wir sie miteinander verknüpfen. Auf diese Weise kann klarer werden, dass...

1. ... es keine einfachen Ursache-Wirkungs-Zusammenhänge gibt, sondern du ein Problem immer auf unterschiedlichen Ebenen angehen kannst.
2. ... alle Bereiche in Wechselwirkung miteinander stehen. Wenn du Gedanken, Gefühle, Verhalten sowie Beziehungen zusammen denkst, ergibt sich ein umfassenderes Bild.

Es ist **wichtig zu verstehen,** dass die Psyche und Kommunikation zu komplex sind, als dass wir Reaktionen zu einhundert Prozent vorhersagen könnten. TA-Modelle zeigen jedoch eine gewisse Wahrscheinlichkeit auf und bieten viele Möglichkeiten, auf unterschiedlichen Ebenen zu intervenieren. Psyche, Kommunikation und Beziehungen sind immer im Fluss.

Weil TA sehr praxisrelevante Konzepte bietet, lässt sie sich sehr gut **mit anderen psychologischen Methoden** verbinden. Zum Beispiel mit systemischen Konzepten, woraus sich dann auch die systemische Transaktionsanalyse entwickelt hat.

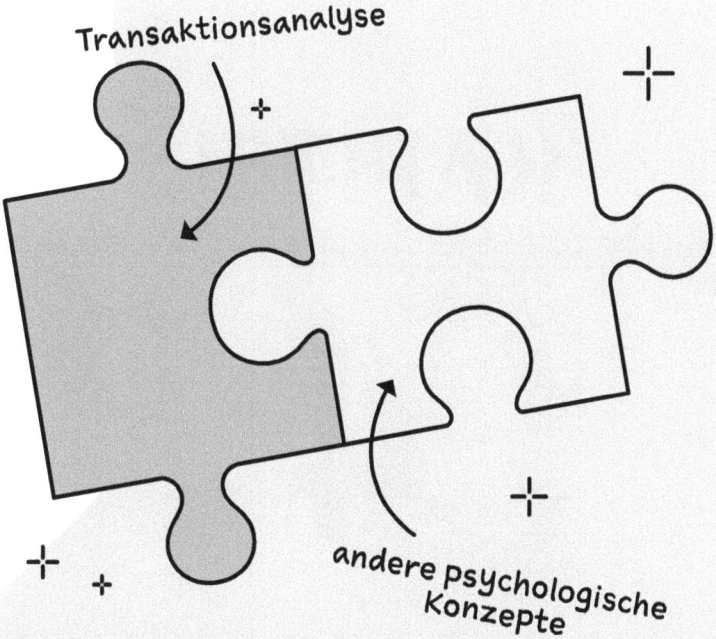

Transaktionsanalyse

andere psychologische Konzepte

KAPITEL

4

TA-Haltung

Haltung hilft dir mit einer förderlichen
Einstellung auf Situationen und Menschen
zu schauen.

TA-HALTUNG

Du wirst auf einen Kollegen aufmerksam, der sich bei einer Aufgabe, die er eigentlich gut bewältigen können müsste, betont hilflos gibt. Bei einem Sortiervorgang stöhnt er immer wieder schwer, fasst sich an den Kopf und flucht leise vor sich hin.

Deine Haltung entscheidet unter anderem darüber, wie du mit dieser Situation umgehst. Vielleicht denkst du dir:

> ▸ „Zeig mal her!"
> ▸ „Idiot! Der kann nichts allein."
> ▸ „Der will mich bloß manipulieren."

Vielleicht entschließt du dich aber auch bewusst dazu, eine TA-Haltung einzunehmen.

TA-Haltung wirbt für einen **grundsätzlichen Respekt gegenüber Menschen** und wünscht ihnen ein lebens- und liebenswertes Umfeld. Das tut sie, weil sie die Potenziale des Mensch-Seins fördern will. Sie bietet bestimmte Einstellungen zum Menschen, zum Leben und zu Veränderungen an. Drei davon möchte ich dir näher vorstellen:

1. „Die Menschen sind in Ordnung."
2. „Jeder hat die Fähigkeit zu denken."
3. „Die Kommunikation ist frei und offen.[37]"

Das ist schnell dahingesagt. Eine Arbeit von TA-Interessierten besteht jedoch darin, sich diese humanistischen Überzeugungen zur Haltung zu machen. Sie versuchen die von der TA beworbenen Grundhaltung in immer mehr Situationen als Grundlage ihres Handelns heranzuziehen, in denen man ein gutes Verhältnis zu anderen anstrebt.

Du kannst dir die Frage stellen: „Wie verhalte ich mich, wenn ich der festen Überzeugung bin, dass Menschen als Personen in Ordnung sind, dass sie die Fähigkeit zum Denken haben und die Kommunikation frei und offen ist?"

▸ Sprichst du ihnen dann noch die Fähigkeit ab, selbst zu wissen, was das Beste für sie sei?
▸ Leistest du dann noch ungefragt Hilfe, obwohl keine Not am Menschen ist?
▸ Glaubst du dann immer noch, dass andere irgendwie intelligenter seien, mehr wüssten oder unerreichbar bessere Fähigkeiten hätten als du?
▸ Würdest du dann glauben, dass sie mutiger sind als du und keine Ängste hätten?

Ein Beispiel: Einige Menschen fühlen sich tendenziell anderen über- oder unterlegen (siehe Lebensgrundpositionen S. 86)

Wenn du dich anderen bisher tendenziell überlegen gefühlt hast, bietet dir die Auseinandersetzung mit den Grundüberzeugungen genügend Stoff, um dich auf **Augenhöhe zu schrumpfen.** Wenn du dich bisher anderen tendenziell unterlegen gefühlt hast, bieten dir die Grundhaltungen die Möglichkeit, auf **Augenhöhe zu wachsen.**

Bezogen auf unser Beispiel mit dem sich hilflos gebenden Kollegen könnten nach dem ersten, abschätzigen Gedanken andere hinzukommen. Vielleicht entscheidest du dich dann bewusst, dein Verhalten auf Grundlage dieser Sichtweisen zu wählen:

▸ „Oh, anscheinend steht er vor einer Herausforderung."
▸ „Wenn er etwas benötigt, ist er in der Lage, Bescheid zu sagen."
▸ „Er ist verantwortlich für sich selbst. Auch wenn das bedeutet, dass er jetzt lernen muss, allein den Sortiervorgang zu bewältigen."

Haltung bedeutet, wie ich auf Dinge schaue. Sie ist eine *„Einstellung, die auf einer inneren Überzeugung beruht."*[38] In ihr sind unser *„Selbstverständnis und unser Weltbezug kristallisiert".*[39]

1. DIE MENSCHEN SIND IN ORDNUNG

Die Menschen sind in Ordnung – das zielt auf das **Dasein der Menschen.** Daran ist nichts verkehrt. Was soll an einem Baby verkehrt sein? Die Umgebung und die Erziehung können einen Menschen jedoch derart prägen, dass sich sein Verhalten (Verhalten ungleich Dasein) schädlich auf ihn und seine Umwelt auswirkt. Dann wird jedoch das Verhalten bewertet. Der Mensch in seinem Dasein bleibt davon unberührt.

Dass die Menschen an sich in Ordnung sind – diese Haltung ist vielen Menschen nicht per se mitgegeben. Mir persönlich auch nicht. Ich habe die Tendenz, andere zu verurteilen (Ich bin okay, du bist nicht okay – S. 86). In Bezug auf einen sich hilflos gebenden Kollegen: „Boah, der kann echt nichts allein regeln."

Deswegen mache ich mir die Arbeit, statt einer pauschalen Beurteilung **bewusst** weitere Überlegungen anzustellen: „Ich sehe einen Menschen, der aufgrund seiner Geschichte und seines Herkunftsumfeldes bei dieser Aufgabe vor einer Herausforderung steht." Es kann gut sein, dass genau dieser Kollege bei anderen Aufgaben ganz hervorragend zurecht kommt, bei denen ich mich quälen würde. Mit der Zeit entsteht auf diese Weise eine **neue Denkgewohnheit,** die hilfreicher ist.

2. JEDER HAT DIE FÄHIGKEIT ZU DENKEN

Als ich diesen Satz zum ersten Mal hörte, dachte ich mir: „Was soll daran besonders sein? Jeder denkt doch!?"

Es gibt einen Unterschied zwischen **gedacht werden** und **selbst zu denken.** Uns allen kommen den ganzen Tag über Gedanken in den Sinn. Das können wir nicht verhindern. Sie kommen, wir schenken ihnen Glauben und handeln danach, weil wir glauben, dass es unsere Inhalte sind, die da auftauchen. Doch viele dieser Gedanken sind gar nicht unsere eigenen. Wir haben sie unbewusst und unhinterfragt von Bezugspersonen, wie Eltern und Ausbilder*innen, übernommen (siehe strukturelles Eltern-Ich – S. 34).

Die Fähigkeit zu denken meint, unsere automatisch kommenden Gedanken aktiv zu hinterfragen: „Ist meine Bewertung des Kollegen hilfreich? Oder kann ich das auch anders betrachten?"

Mache es wie der berühmte Psychologe Viktor E. Frankl: Aktiviere dein Erwachsenen-Ich (S. 52) und lass dir nicht alles von deinen Gedanken gefallen. Die neu gewonnenen Erkenntnisse können als „eigenes Denken" bezeichnet werden.

Echtes Denken ist anstrengend, weil es aktiv betrieben werden muss. Es ist sogar auch mal mit unangenehmen Erkenntnissen und Gefühlen verbunden. Denn die Konfrontation mit deinen bisherigen Gedanken kann zunächst schockieren oder schmerzen.

Es ist ziemlich bequem, sich denken zu lassen. Doch es hat den großen Nachteil, dass dadurch bisherige Erlebnisse immer wieder neu aufgelegt werden, wie ein Kreislauf.

Eigenes Denken hingegen steht für Veränderung, Neues und persönliche Entwicklung. Verhalten, dass dem eigenen hinterfragenden und kreativen Denken entspringt, führt zu Resultaten, die mich immer wieder in positives Erstaunen versetzen.

Immanuel Kant war eigentlich der erste TA'ler als er sagte: „Habe Mut, dich deines eigenen Verstandes zu bedienen."

Du kannst andere beispielsweise zum eigenen Denken einladen, indem du auf kindliche Fragen à la „Was soll ich jetzt machen?" das Erwachsenen-Ich deines Gegenübers ansprichst: „Was denkst du?" Eine gekreuzte Transaktion.

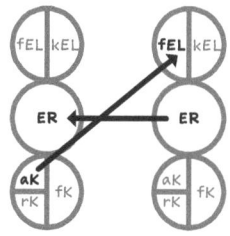

3. DIE KOMMUNIKATION IST FREI UND OFFEN

Das bedeutet vor allem eines: **klare Worte.**

Das bedeutet jedoch nicht, radikal oder verletzend zu sein. Denn es ist möglich, **klar, warmherzig und verbindend** zu kommunizieren.

Es bedeutet den Verzicht auf Manipulationen, um über Umwege ein Ziel zu erreichen. Statt zum Beispiel zu frösteln und Sätze fallen zu lassen wie: „Mir ist kalt", um andere auf die Idee zu bringen, das Fenster zu schließen, direkt das Bedürfnis zu äußern: „Ich würde gern das Fenster schließen."

Statt nur zu sagen: „Ich habe Hunger" und anderen die Interpretation der Aussage zu überlassen: „Ich möchte beim Asiaten um die Ecke Mittag essen gehen."

Statt mit einem Unterton zu sagen: „Es ist nichts", obwohl jeder merkt, dass etwas ist. Klar zu sagen: „Es ärgert mich, dass ich schon wieder auf dich warten musste."

Statt zu necken zu sagen: „Ich finde dich interessant!"

Klar zu kommunizieren, ist anspruchsvoll. Es setzt voraus, dass du vorher herausfindest, was du möchtest, indem du Kontakt zu deinen Bedürfnissen und Wünschen herstellst. Zum Beispiel, indem du dich fragst: „Was möchte ich jetzt gerade?"

Ja heißt ja und nein heißt nein. Und wenn du unklar bist, dann kannst du auch das in die Kommunikation einfließen lassen: „Ich bin noch hin und her gerissen. Auf der einen Seite dies, auf der anderen Seite das. Ich weiß noch nicht, was ich gerade will."

Das hilft anderen, dich besser zu verstehen.

JEDE HALTUNG HAT IHRE VORTEILE

Haltung bedeutet, mit welcher Brille ich auf die Dinge um mich herum schaue. Ich betrachte Haltungsarbeit als einen lebenslangen Prozess. Du entscheidest dich zu einer Haltung, weil sie dir Vorteile verspricht. Zum Beispiel, weil sie dich glücklicher macht. Zu denken, „Die Welt ist ein Haifischbecken", bietet dir natürlich auch Vorteile. Zum Beispiel, dass du dich ständig größtmöglich absicherst, um Risiken zu vermeiden. Das kann in bestimmten Umgebungen durchaus sinnvoll sein.

Als TA-Interessierter lehne ich diese Haltung jedoch weitestgehend ab, weil sie meiner Ansicht nach zu viele Nachteile mit sich bringt. Sie schließt nämlich ein, dass ich Menschen nicht vertrauen kann. Dass ich ständig auf der Hut sein muss. Das würde sich mit einiger Sicherheit nachteilig auf meine Beziehungstiefe auswirken. Diese ist für mich jedoch ein großer Quell von Freude und Erfüllung.

Für viele TA'ler besteht die eigentliche Entwicklungsarbeit darin, die TA-Haltungen mit Hilfe der Konzepte ins Leben zu bringen. Führungskräfte, Therapeuten, Berater, Coaches und Interessierte an Persönlichkeitsentwicklung können diese Haltungen anhand von vielen alltäglichen Situationen trainieren.

Das Training zahlt sich langfristig in Form von Beziehungstiefe, gegenseitigem Respekt, Begegnung auf Augenhöhe und einem erfüllteren Leben aus.

Wenn du lernen möchtest, wie ich die TA-Haltung mittels der Konzepte in meinem Alltag anwende – ganz konkret – dann könnte das nächste Kapitel für dich interessant sein.

KAPITEL

5

Alles Weitere

Hier erfährst du, wie du dich weiterführend mit TA beschäftigen kannst, etwas über mich (Steffen) und wer mich bei diesem Buch unterstützt hat.

SO KANNST DU WEITERMACHEN

Ich hoffe, dass ich mein Ziel erreicht habe und dir einen kurzweiligen Überblick über die TA bieten konnte, der Lust auf mehr macht.

Falls dir noch etwas fehlen sollte, kannst du mit mir direkt in Kontakt treten. Auf TAplus.de/ta-buch beantworten mein Team und ich deine Fragen, Kritiken und Anregungen.

Ich habe einen besonderen Service für meine Leser: die „TA-Mails". Das ist mein Inspirations-Newsletter, der dir zeigt, wie ich TA in meinem beruflichen und persönlichen Alltag anwende. Mit den TA-Mails erhältst du:

1. Beispiellösungen aus den hier im Buch beschriebenen Übungen

2. weitere TA-Fallbeispiele aus dem Beruf und persönlichen Leben

3. TA-Vortrag für Studium und Weiterbildung

4. Infos über Weiterbildungen

5. Erklärvideo zur Konzeptwelt der Transaktionsanalyse

Der Newsletter ist **kostenfrei.** Hier kannst du dich eintragen:

   TAplus.de/ta-buch

ÜBER MICH (STEFFEN)

Ich (Steffen Raebricht) beschäftige mich seit 2011 mit der Transaktionsanalyse. Seit knapp 20 Jahren bin ich in Führungsverantwortung, früher als Fallschirmjägeroffizier bei der Bundeswehr, heute als Selbstständiger mit meinem Team. Als Ausdruck meiner Professionalität bilde ich mich konstant weiter:

- Bildungs- und Erziehungswissenschaftler (M. A.)
- Heilpraktiker für Psychotherapie
- NLP-Trainer (3 Jahre Ausbildungszeit)
- TA-Berater (3 Jahre Ausbildungszeit)
- Systemischer Berater (2 Jahre Ausbildungszeit)

Ich habe eine zweijährige Weltreise unternommen, lebe heute in Magdeburg und begleite Menschen in Führungsverantwortung, ihre kommunikativen Fähigkeiten und ihre Persönlichkeit zu entwickeln.

Du kannst mich erleben in meinen Onlinekursen, aber auch live: Im Coaching, im Training und in der Beratung für Organisationsentwicklung.
Wenn du mehr wissen möchtest:
steffenraebricht.de

LITERATURHINWEISE ALLGEMEIN

1   Interview mit Eric Berne 1966: Dr. Eric Berne - Games People Play - The Theory Part I, YouTube: https://www.youtube.com/watch?v=eLQSOlxLYMg Min: 03:06 (abgerufen am 17.08.2021).

2   Berne, Eric: Was sagen Sie, nachdem Sie „Guten Tag" gesagt haben? Psychologie des menschlichen Verhaltens, 21. Auflage, Fischer, Frankfurt a. M. 2010, S. 37.

3   Interview mit Eric Berne 1966: Dr. Eric Berne - Games People Play - The Theory Part I, YouTube: https://www.youtube.com/watch?v=eLQSOlxLYMg Min: 03:28 (abgerufen am 17.08.2021).

4   Schlegel, Leonhard: Handwörterbuch der Transaktionsanalyse. Sämtliche Begriffe der TA praxisnah erklärt, 2. Auflage, Herder, Freiburg i. Br. 2002, S. 15.

5   Ebd.

6   Berne, Eric: Was sagen Sie, nachdem Sie „Guten Tag" gesagt haben? Psychologie des menschlichen Verhaltens, 21. Auflage, Fischer, Frankfurt a. M. 2010, S. 39-43.

7   Mohr, Günther: Einführung in die systemische Transaktionsanalyse von Individuum und Organisation, Carl-Auer Verlag, Heidelberg 2020, S. 39.

8   Ebd.

9   Ebd.

10   Cornell, W.F.; de Graaf, A.; Newton, T.; Thunnissen, M.: Into TA. A Comprehensive Textbook on Transactional Analysis, Routledge, London 2018, S. 5.

11   Ebd. S. 6

12   Mohr, Günther: Persönlichkeit: Das innere Team der Ich-Zustände, in: Zeitschrift für Transaktionsanalyse 20. Jg.,3, 2003, S. 234-238.

13   Interview mit Eric Berne 1966: Dr. Eric Berne - Games People Play - The Theory Part I, YouTube: https://www.youtube.com/watch?v=eLQSOlxLYMg Min: 02:34 (abgerufen am 17.08.2021).

14   Cornell, W.F.; de Graaf, A.; Newton, T.; Thunnissen, M.: Into TA. A Comprehensive Textbook on Transactional Analysis, Routledge, London 2018, S. 60.

15   Ebd. S. 61

16   Berne, Eric: Transactional Analysis in Psychotherapy, Martino Fine Books 2015 (Nachdruck der Original-Ausgabe von 1961), S. 86f.

17   Ebd.

18   Ebd.

19   Cornell, W.F.; de Graaf, A.; Newton, T.; Thunnissen, M.: Into TA. A Comprehensive Textbook on Transactional Analysis, Routledge, London 2018, S. 61.

20   Ebd. S. 64.

21   Ebd. S. 63.

22   Ebd.

23   Stewart, Ian; Joines, Vann: Die Transaktionsanalyse. Eine Einführung, Herder, Freiburg 1990, S. 107f.

24   Ebd. S. 108.

25   Karpman, Stephen B.: Fairy Tales and Script Drama Analysis, in: Transactional Analysis Bulletin 7(26), (1968), S. 39-43, abrufbar unter: https://karpmandramatriangle.com/pdf/DramaTriangle.pdf (abgerufen am 17.08.2021).

26   Karpman, Stephen B.: A Game Free Life. The definitive book on the Drama Triangle and Compassion Triangle by the originator and author, Drama Triangle Publications, 2014, S. 27.

27   Ebd.

28   Raebricht, Steffen: Beziehungsratgeber: No more Drama in deinen Beziehungen, Printed by Amazon 2017, S. 49.

29   Cornell, W.F.; de Graaf, A.; Newton, T.; Thunnissen, M.: Into TA. A Comprehensive Textbook on Transactional Analysis, Routledge, London 2018, S. 90.

30   Raebricht, Steffen: Beziehungsratgeber: No more Drama in deinen Beziehungen, Printed by Amazon 2017, S. 63.

31   Schlegel, Leonhard: Die Transaktionale Analyse, 6. Auflage, Bozen 2020, S. 354.

32   Karpman, Stephen B.: A Game Free Life. The definitive book on the Drama Triangle and Compassion Triangle by the originator and author, Drama Triangle Publications, 2014, S. 25.

33   Ebd.

34   Interview mit Eric Berne 1966: Dr. Eric Berne - Games People Play - The Theory Part I, YouTube: https://www.youtube.com/watch?v=eLQS0lxLYMg Min: 03:24 (abgerufen am 17.08.2021).

35   Raebricht, Steffen: Beziehungsratgeber: No more Drama in deinen Beziehungen, Printed by Amazon 2017, S. 97.

36   Ebd. S. 99.

37   Stewart, Ian; Joines, Vann: Die Transaktionsanalyse. Eine Einführung, Herder, Freiburg 1990, S. 28-30.

38   Kurbacher, Frauke A.: Was ist Haltung?, in: Magazin für Theologie und Ästhetik 43/2006, 2006, abrufbar unter: http://www.theomag.de/43/fk6.htm (abgerufen am 17.08.2021).

39   Ebd.

LITERATURHINWEISE
STECKBRIEFE

(a)   Berne, Eric: Was sagen Sie, nachdem Sie „Guten Tag" gesagt haben? Psychologie des menschlichen Verhaltens, 21. Auflage, Fischer, Frankfurt a. M. 2010, S. 26.

(b)   Cornell, W.F.; de Graaf, A.; Newton, T.; Thunnissen, M.: Into TA. A Comprehensive Textbook on Transactional Analysis, Routledge, London 2018, S. 9.

(c)   Berne, Eric: Spiele der Erwachsenen. Psychologie der menschlichen Beziehungen, 356.-366.Tausend, Rowohlt, Hamburg 1997, S. 32.

(d)   Schlegel, Leonhard: Die Transaktionale Analyse, 6. Auflage, Bozen 2020, S. 222.

(e)   Ebd. S. 225.

(f)   Ebd. S. 227.

(g)   Raebricht, Steffen: Beziehungsratgeber: No more Drama in deinen Beziehungen, Printed by Amazon 2017, S. 47.

(h)   Karpman, Stephen B.: A Game Free Life. The definitive book on the Drama Triangle and Compassion Triangle by the originator and author, Drama Triangle Publications, 2014, S. 23.

(i)   Dehner, Renate und Ulrich: Schluss mit diesen Spielchen! Manipulationen im Alltag erkennen und wirksam dagegen vorgehen, Campus Verlag, Frankfurt a. M. 2007, S. 29ff.

(j)   Schlegel, Leonhard: Die Transaktionale Analyse, 6. Auflage, Bozen 2020, S. 222.

(k)   Berne, Eric: Spiele der Erwachsenen. Psychologie der menschlichen Beziehungen, 356.-366 Tausend, Rowohlt, Hamburg 1997, S. 12-22.

(l)   Schiff, Jacqui Lee und Aaron: Frames of Reference, in: Transactional Analysis Journal Bd. 5, H. 3, 1975, S. 290-294.

(m)   Schlegel, Leonhard: Handwörterbuch der Transaktionsanalyse. Sämtliche Begriffe der TA praxisnah erklärt, 2. Auflage, Herder, Freiburg i. Br. 2002, S. 32.

(n)   Berne, Eric: Spiele der Erwachsenen. Psychologie der menschlichen Beziehungen, 356.-366.Tausend, Rowohlt, Hamburg 1997, S. 57.

(o)   Berne, Eric: Was sagen Sie, nachdem Sie „Guten Tag" gesagt haben? Psychologie des menschlichen Verhaltens, 21. Auflage, Fischer, Frankfurt a. M. 2010, S. 41.

(p)   Ebd. S. 472.

(q)   Raebricht, Steffen: Dein unbewusster Lebensplan - Das Lebensskript der Transaktionsanalyse 2021, abrufbar unter: https://www.transaktionsanalyse-online.de/der-unbewusste-lebensplan/ (abgerufen am 26.05.2021).

(r)   Ernst, Franklin H.: The OK Corral: The Grid for Get-on-With, in: Transactional Analysis Journal Vol. 1 (4), 1971, S. 33-42.

(s)   Stewart, Ian; Joines, Vann: Die Transaktionsanalyse. Eine Einführung, Herder, Freiburg 1990, S. 180.

(t)   Schlegel, Leonhard: Handwörterbuch der Transaktionsanalyse. Sämtliche Begriffe der TA praxisnah erklärt, 2. Auflage, Herder, Freiburg i. Br. 2002, S. 5.

(u)   Taglieber, Bernd; Raebricht, Steffen: Burnout vorbeugen Zweite überarbeitete Auflage, Printed by Amazon 2019, S. 104.

(v)   Mohr, Günther: Einführung in die systemische Transaktionsanalyse von Individuum und Organisation, Carl-Auer Verlag, Heidelberg 2020, S. 80.

(w)   Kahler, Taibi: Drivers: The Key to the Process of Scripts, in: Transactional Analysis Journal 5 (3), 1975, S. 280-284.

(x)   Mohr, Günther: Einführung in die systemische Transaktionsanalyse von Individuum und Organisation, Carl-Auer Verlag, Heidelberg 2020, S. 81.

(y)   Ebd. S. 81f.

(z)   Thomson, George: „Angst, Zorn und Traurigkeit", in: Zeitschrift für Transaktionsanalyse in Theorie und Praxis 6/2-3, 1989, S. 59-67.

(aa) English, Fanita: Rackets and Real Feelings: Part II, in: Transactional Analysis Journal 2 (1), 1972, S. 23-25.

(ab) Stewart, Ian; Joines, Vann: Die Transaktionsanalyse. Eine Einführung, Herder, Freiburg 1990, S. 300.

(ac) Berne, Eric: Trading stamps, in: Transactional Analysis Bulletin 3 (10), 1964, S.127.

(ad) Cornell, W.F.; de Graaf, A.; Newton, T.; Thunnissen, M.: Into TA. A Comprehensive Textbook on Transactional Analysis, Routledge, London 2018, S. 40.

(ae) Stewart, Ian; Joines, Vann: Die Transaktionsanalyse. Eine Einführung, Herder, Freiburg 1990, S. 116.

(af) Berne, Eric: Spiele der Erwachsenen. Psychologie der menschlichen Beziehungen, 356.-366.Tausend, Rowohlt, Hamburg 1997, S. 15.

(ag) Schiff, Jacqui Lee et al.: Cathexis Reader: Transactional Analysis Treatment of Psychosis, Harper & Row, New York 1975, S. 5.

(ah) Ebd. S. 10.

DANKE

An:

▸ Bernd Taglieber (berndtaglieber.de) und Günther Mohr (mohr-coaching.de) für das fachliche Feedback

▸ Britta Sösemann für das Lektorat

▸ Anne Hennig (annehennig.de) für das Layout

▸ Niklas Gemkow und Anne Hennig für die Grafiken

▸ Ellen Raebricht, Sebastian Kaiser, Waltraudt Sauer, Reinhard Graf, Carla Weser, Andreas Dürmuth, Beate Steinmetzger, Sabine Horn, Sebastian Hohage, Catherine Sell-Michels, Nicole Schwerdt, Inga Isbarn, Franziska Heydenreich, Florian Haberfellner für das Feedback beim Testlesen

▸ Katja Engeler, Anke Kuchheuser und Philipp Rabe für das Korrektorat